U0925926

胜鬘经

中国佛学经典宝藏

67

王海林 释译

星云大师总监修

人民东方出版传媒
東方出版社

#《中国佛学经典宝藏》
大陆简体字版编审委员会

总序

星云

自读首楞严，从此不尝人间糟糠味；

认识华严经，方知已是佛法富贵人。

诚然，佛教三藏十二部经有如暗夜之灯炬、苦海之宝筏，为人生带来光明与幸福，古德这首诗偈可说一语道尽行者阅藏慕道、顶戴感恩的心情！可惜佛教经典因为卷帙浩瀚、古文艰涩，常使忙碌的现代人有义理远隔、望而生畏之憾，因此多少年来，我一直想编纂一套白话佛典，以使法雨均沾，普利十方。

一九九一年，这个心愿总算有了眉目。是年，佛光山在中国大陆广州市召开“白话佛经编纂会议”，将该套丛书定名为《中国佛教经典宝藏》①。后来几经集思广

① 编者注:《中国佛教经典宝藏》丛书，大陆出版时改为《中国佛学经典宝藏》丛书。

益，大家决定其所呈现的风格应该具备下列四项要点：

一、启发思想：全套《中国佛教经典宝藏》共计百余册，依大乘、小乘、禅、净、密等性质编号排序，所选经典均具三点特色：

1. 历史意义的深远性
2. 中国文化的影响性
3. 人间佛教的理念性

二、通顺易懂：每册书均设有原典、注释、译文等单元，其中文句铺排力求流畅通顺，遣词用字力求深入浅出，期使读者能一目了然，契入妙谛。

三、文简意赅：以专章解析每部经的全貌，并且搜罗重要的章句，介绍该经的精神所在，俾使读者对每部经义都能透彻了解，并且免于以偏概全之谬误。

四、雅俗共赏：《中国佛教经典宝藏》虽是白话佛典，但亦兼具通俗文艺与学术价值，以达到雅俗共赏、三根普被的效果，所以每册书均以题解、源流、解说等章节，阐述经文的时代背景、影响价值及在佛教历史和思想演变上的地位角色。

兹值佛光山开山三十周年，诸方贤圣齐来庆祝，历经五载、集二百余人心血结晶的百余册《中国佛教经典宝藏》也于此时隆重推出，可谓意义非凡，论其成就，则有四点可与大家共同分享：

一、佛教史上的开创之举：民国以来的白话佛经翻译虽然很多，但都是法师或居士个人的开示讲稿或零星的研究心得，由于缺乏整体性的计划，读者也不易窥探佛法之堂奥。有鉴于此，《中国佛教经典宝藏》丛书突破窠臼，将古来经律论中之重要著作，做有系统的整理，为佛典翻译史写下新页！

二、杰出学者的集体创作：《中国佛教经典宝藏》丛书结合中国大陆北京、南京各地名校的百位教授、学者通力撰稿，其中博士学位者占百分之八十，其他均拥有硕士学位，在当今出版界各种读物中难得一见。

三、两岸佛学的交流互动：《中国佛教经典宝藏》撰述大部分由大陆饱学能文之教授负责，并搜录台湾教界大德和居士们的论著，借此衔接两岸佛学，使有互动的因缘。编审部分则由台湾和大陆学有专精之学者从事，不仅对中国大陆研究佛学风气具有带动启发之作用，对于台海两岸佛学交流更是帮助良多。

四、白话佛典的精华集萃：《中国佛教经典宝藏》将佛典里具有思想性、启发性、教育性、人间性的章节做重点式的集萃整理，有别于坊间一般“照本翻译”的白话佛典，使读者能充分享受“深入经藏，智慧如海”的法喜。

今《中国佛教经典宝藏》付梓在即，吾欣然为之作序，并借此感谢慈惠、依空等人百忙之中，指导编修；吉广舆等人奔走两岸，穿针引线；以及王志远、赖永海等大陆教授的辛勤撰述；刘国香、陈慧剑等台湾学者的周详审核；满济、永应等“宝藏小组”人员的汇编印行。由于他们的同心协力，使得这项伟大的事业得以不负众望，功竟圆成！

《中国佛教经典宝藏》虽说是大家精心擘划、全力以赴的巨作，但经义深邈，实难尽备；法海浩瀚，亦恐有遗珠之憾；加以时代之动乱，文化之激荡，学者教授于契合佛心，或有差距之处。凡此失漏必然甚多，星云谨以愚诚，祈求诸方大德不吝指正，是所至祷。

一九九六年五月十六日于佛光山

原版序

敲门处处有人应

慈惠

《中国佛教经典宝藏》是佛光山继《佛光大藏经》之后，推展人间佛教的百册丛书，以将传统《大藏经》精华化、白话化、现代化为宗旨，力求佛经宝藏再现今世，以通俗亲切的面貌，温渥现代人的心灵。

佛光山开山三十年以来，家师星云上人致力推展人间佛教，不遗余力，各种文化、教育事业蓬勃创办，全世界弘法度化之道场应机兴建，蔚为中国现代佛教之新气象。这一套白话精华大藏经，亦是大师弘教传法的深心悲愿之一。从开始构想、擘划到广州会议落实，无不出自大师高瞻远瞩之眼光，从逐年组稿到编辑出版，幸赖大师无限关注支持，乃有这一套现代白话之大藏经问世。

这是一套多层次、多角度、全方位反映传统佛教文化的丛书，取其精华，舍其艰涩，希望既能将《大藏经》

深睿的奥义妙法再现今世，也能为现代人提供学佛求法的方便舟筏。我们祈望《中国佛教经典宝藏》具有四种功用：

一、是传统佛典的精华书

中国佛教典籍汗牛充栋，一套《大藏经》就有九千余卷，穷年皓首都研读不完，无从赈济现代人的枯槁心灵。《宝藏》希望是一滴浓缩的法水，既不失《大藏经》的法味，又能有稍浸即润的方便，所以选择了取精用弘的摘引方式，以舍弃庞杂的枝节。由于执笔学者各有不同的取舍角度，其间难免有所缺失，谨请十方仁者鉴谅。

二、是深入浅出的工具书

现代人离古愈远，愈缺乏解读古籍的能力，往往视《大藏经》为艰涩难懂之天书，明知其中有汪洋浩瀚之生命智慧，亦只能望洋兴叹，欲渡无舟。《宝藏》希望是一艘现代化的舟筏，以通俗浅显的白话文字，提供读者遨游佛法义海的工具。应邀执笔的学者虽然多具佛学素养，但大陆对白话写作之领会角度不同，表达方式与台湾有相当差距，造成编写过程中对深厚佛学素养与流畅白话语言不易兼顾的困扰，两全为难。

三、是学佛入门的指引书

佛教经典有八万四千法门，门门可以深入，门门是无限宽广的证悟途径，可惜缺乏大众化的入门导览，不易寻觅捷径。《宝藏》希望是一支指引方向的路标，协助十方大众深入经藏，从先贤的智慧中汲取养分，成就无上的人生福泽。

四、是解深入密的参考书

佛陀遗教不仅是亚洲人民的精神归依，也是世界众生的心灵宝藏。可惜经文古奥，缺乏现代化传播，一旦庞大经藏沦为学术研究之训诂工具，佛教如何能扎根于民间？如何普济僧俗两众？我们希望《宝藏》是百粒芥子，稍稍显现一些须弥山的法相，使读者由浅入深，略窥三昧法要。各书对经藏之解读诠释角度或有不足，我们开拓白话经藏的心意却是虔诚的，若能引领读者进一步深研三藏教理，则是我们的衷心微愿。

大陆版序一

《中国佛教经典宝藏》是一套对主要佛教经典进行精选、注译、经义阐释、源流梳理、学术价值分析，并把它们翻译成现代白话文的大型佛学丛书，成书于二十世纪九十年代，由台湾佛光文化事业有限公司出版，星云大师担任总监修，由大陆的杜继文、方立天以及台湾的星云大师、圣严法师等两岸百余位知名学者、法师共同编撰完成。十几年来，这套丛书在两岸的学术界和佛教界产生了巨大的影响，对研究、弘扬作为中国传统文化重要组成部分的佛教文化，推动两岸的文化学术交流发挥了十分重要的作用。

《中国佛学经典宝藏》则是《中国佛教经典宝藏》的简体字修订版。之所以要出版这套丛书，主要基于以下的考虑：

首先，佛教有三藏十二部经、八万四千法门，典籍浩瀚，博大精深，即便是专业研究者，穷其一生之精力，恐也难阅尽所有经典，因此之故，有“精选”之举。

其次，佛教源于印度，汉传佛教的经论多译自梵语；加之，代有译人，版本众多，或随音，或意译，同一经文，往往表述各异。究竟哪一种版本更契合读者根机？哪一个注疏对读者理解经论大意更有助益？编撰者除了标明所依据版本外，对各部经论之版本和注疏源流也进行了系统的梳理。

再次，佛典名相繁复，义理艰深，即便识得其文其字，文字背后的义理，诚非一望便知。为此，注译者特地对诸多冷僻文字和艰涩名相，进行了力所能及的注解和阐析，并把所选经文全部翻译成现代汉语。希望这些注译，能成为修习者得月之手指、渡河之舟楫。

最后，研习经论，旨在借教悟宗、识义得意。为了将其思想义理和现当代价值揭示出来，编撰者对各部经论的篇章品目、思想脉络、义理蕴涵、学术价值等所做的发掘和剖析，真可谓殚精竭虑、苦心孤诣！当然，佛理幽深，欲入其堂奥、得其真义，诚非易事！我们不敢奢求对于各部经论的解读都能鞭辟入里，字字珠玑，但希望能对读者的理解经义有所启迪！

习近平主席最近指出：“佛教产生于古代印度，但传入中国后，经过长期演化，佛教同中国儒家文化和道家文化融合发展，最终形成了具有中国特色的佛教文化，给中国人的宗教信仰、哲学观念、文学艺术、礼仪习俗等留下了深刻影响。”如何去研究、传承和弘扬优秀佛教文化，是摆在我们面前的一个重要课题，人民东方出版传媒有限公司拟对繁体字版的《中国佛教经典宝藏》进行修订，并出版简体字版的《中国佛学经典宝藏》，随喜赞叹，寥寄数语，以叙因缘，是为序。

二〇一六年春于南京大学

大陆版序二

依空

身材高大、肤色白皙、擅长军事的亚利安人，在公元前四千五百多年从中亚攻入西北印度，把当地土著征服之后，为了彻底统治这里的人民，建立了牢不可破的种姓制度，创造了无数的神祇，主要有创造神梵天、破坏神湿婆、保护神毗婆奴。人们的祸福由梵天决定，为了取悦梵天大神，需要透过婆罗门来沟通，因为他们是从梵天的口舌之中生出，懂得梵天的语言——繁复深奥的梵文，婆罗门阶级是宗教祭祀师，负责教育，更掌控了神与人之间往来的话语权。四种姓中最重要的是刹帝利，举凡国家的政治、经济、军事、文化等等都由他们实际操作，属贵族阶级，由梵天的胸部生出。吠舍则是士农工商的平民百姓，由梵天的膝盖以上生出。首陀罗则是被踩在梵天脚下的土著。前三者可以轮回，纵然几世轮转都无法脱离原来种姓，称为再生族；首陀罗则连轮回的因缘都没有，为不生族，生生世世为首陀罗，子孙也倒霉跟着宿命，无法改变身份。相对于此，贱民比首陀罗更为卑微、低贱，连四种姓都无法跻身其中，只能从事挑粪、焚化尸体等最卑贱、龌龊的工作。

出身于高贵种姓释迦族的悉达多太子，为了打破种姓制度的桎梏，舍弃既有的优越族姓，主张一切众生皆平等，成正等觉，创立了佛教僧团。为了贯彻佛教的平等思想，佛陀不仅先度首陀罗身份的优婆离出家，后度释迦族的七王子，先入山门为师兄，树立僧团伦理制度。佛陀更严禁弟子们用贵族的语言——梵文宣讲佛法，而以人民容易理解的地方口语来演说法义，这就是巴利文经典的滥觞。佛陀认为真理不应该是属于少数贵族、知识分子的专利或装饰，而应该更贴近普罗大众，属于平民百姓共有共知。原来佛陀早就在推动佛法的普遍化、大众化、白话化的伟大工作。

佛教从西汉哀帝末年传入中国，历经东汉、魏晋南北朝、隋唐的漫长艰巨的译经过程，加上历代各宗派祖师的著作，积累了庞博浩瀚的汉传佛教典籍。这些经论义理深奥隐晦，加以书写的语言文字为千年以前的古汉文，增加现代人阅读的困难，只能望着汗牛充栋的三藏十二部扼腕慨叹，裹足不前。

如何让大众轻松深入佛法大海，直探佛陀本怀？佛光山开山宗长星云大师乃发起编纂《中国佛教经典宝藏》。一九九一年，先在大陆广州召开“白话佛经编纂会议”，订定一百本的经论种类、编写体例、字数等事项，礼聘中国社科院的王志远教授、南京大学的赖永海教授分别为中国大陆北方与南方的总联络人，邀请大陆各大学的佛教学者撰文，后来增加台湾部分的三十二本，是为一百三十二册的《中国佛教经典宝藏精选白话版》，于一九九七年，作为佛光山开山三十周年的献礼，隆重出版。

六七年间我个人参与最初的筹划，多次奔波往来于大陆与台湾，小心谨慎带回作者原稿，印刷出版、营销推广。看到它成为佛教徒家中的传家宝藏，有心了解佛学的莘莘学子的入门指南书，为星云大师监修此部宝藏的愿心深感赞叹，既上契佛陀“佛法不舍一众”的慈悲本怀，更下启人间佛教“普世益人”的平等精神。尤其可喜者，欣闻现大陆出版方东方出版社潘少平总裁、彭明哲副总编亲自担纲筹划，组织资深编辑精校精勘；更有旅美企业家鲁彼德先生事业有成之际，秉“十方来，十方去，共成十方事”之襟怀，促成简体字版《中国佛学经典宝藏》的刊行。今付梓在即，是为序，以表随喜祝贺之忱！

二〇一六年元月

目　录

题解

《胜鬘狮子吼一乘大方便方广经》，意思是美发夫人狮子吼一样无畏演说的唯一佛乘宏大善巧教法的理正言博大乘经。胜鬘，即美发，是胜鬘夫人的简说，胜鬘夫人是古印度阿踰阇国（Ayodhyā）国王的妻子；狮子吼，即狮子吼，比喻佛家宣说佛法无所畏惧；大方便，说佛家教化众生所运用的方法非常善巧；方广，大乘经的通称，意思是理正言广。

本经的编集者，就像其他的许多大乘经编集者一样，是古印度一定时期某些大乘教团的学者群体，为阐扬一定的大乘教义理，整理编集的。编集者可能属于龙树（Nāgārjuna，公元一五〇——二五〇年）之后，与弥勒（Maitreya，公元二七〇——三五〇年）、无着（Asariga，公元三一〇——三九〇年）为代表的瑜伽行派

（Yogācāra）教团并立的某大乘教团，这个教团的活动区域，根据经中人物胜鬘夫人所在国提示的记载，可能是以印度中部的阿踰阇国为中心。

对本经编集年代的推断又是与对编集者的稽考联系着的。印度佛教史上的著名论师，大都能确切考订，他们的传教和著述活动不仅反映着佛教的具体发展，也影响着佛教的发展趋势。诸佛经的思想特点、理论取向、价值观念、文学氛围、语言系统各各不同，并有明显的递嬗次第，而这一切大抵与著名论师为代表的可考订的论师个人或群体的学术著述特征相对应。经过综合性的研究，可以推断本经约产生于公元四世纪，即晚于《华严经》《法华经》《维摩经》的产生年代和龙树活动时期，早于《解深密经》《入楞伽经》的产生年代和无着活动时期。

《华严经》将佛教唯心立场从对诸法的专注考察（如中道缘起、妄心缘起、业感缘起论等）转移到对主体心性的专注探寻（如净心缘起论），《维摩经》复强化了《华严经》的理论趋向，提出“行于非道，是为通达佛道”[①]“以意净故得佛国净”[②]。但是净心究竟怎样缘起的，即它的机制和行运究竟如何？《华严经》《维摩经》以及同时代论师著述都不甚周详，缺乏完成这一任务的历史条件和理论条件。四世纪初，作为佛教中心的摩揭陀（Magadha）的旃陀罗笈多（Candragupta）于公元三二〇年建立了笈多王朝，并统一了全印，实行了强国的文化政策，无论佛教、婆罗门教还是梵文文学都得到繁荣。笈多王朝规定梵语为公用语，佛教为适应社会和传播的需要，撰著经籍时也放弃了原用的俗语或俗、梵混用语而使用梵文。经籍用语的梵文化，促使精英宗教（Elitereligion）的成分日益增强，于是重义理思辨的理性化佛学阿毘达磨（Abhidharma）即论部，在大乘系统中得到空前发展。

统一的王朝为了振兴政治经济文化，大乘教法自身的理论发展，都需要推进更能体现大乘精神的自性清净缘起和如来法身普在的学说，而论部的发展和完善又为推进这方面的学说准备了研究人才、理论方法和理论工具，结果是如来藏缘起、阿赖耶识（Ālaya）缘起的义理应运而生，它们先后分别从不同的侧面探索了净心缘起的机制构成、运行的微妙，比较充分地发挥了佛学思辨优势。《胜鬘经》是如来藏缘起说的代表作，《解深密经》则是阿赖耶识缘起的代表作。

然而，《胜鬘经》基本上还是承袭了传统经典的“向上门”趋向，即由末追向本，专注理想的佛性涅槃。真正另辟蹊径的还是《解深密经》，它具有系统、精细的特色，并具体地描绘了心性杂染的机制与行运过程，同时也对如来藏义从唯识角度做了独特的阐释。这就是为什么说《胜鬘经》晚于《华严经》而早于《解深密经》的主要根据。

公元五世纪初,《胜鬘经》就传入了我国,但译本却并不多,藏文译本仅有一种,由胜友、善帝觉、智军合译,编入了《大宝积经》里,共二卷,今存。汉文译本也只有三种,而且还佚失了一种,佚失的是北凉昙无谶在玄始年间(约公元四一二——四二八年)译出的一卷本《胜鬘经》。今存的两种译本是刘宋求那跋陀罗(Guṇabhadra,公元三九四——四六八年)于元嘉十三年(公元四三六年)译的《胜鬘狮子吼一乘大方便方广经》一卷,唐代菩提流志(Bodhiruci,翻译年代公元六九三——七一三年)于神龙二年至先天二年(公元七〇六——七一三年)间译出的《胜鬘夫人会》一卷。

本书注译采用的是刘宋译本,因为刘宋本更接近梵文本面貌,在汉地更为流行,而且唐译本也多参照了刘宋译本。

刘宋译本的译者求那跋陀罗是南北朝时期最著名的佛籍翻译家,中印度人;因为他修习大乘,又称他是摩诃衍那(Mahāyāna)。宋文帝信奉佛教,尊崇印度高僧,求那跋陀罗在元嘉十二年(公元四三五年)抵达广州后,即被宋文帝请到建康,住在祇湖寺。他译的经有《杂阿含经》《胜鬘经》《楞伽经》《相续解脱经》《无量寿经》等。有赖他的译事，印度大乘在笈多王朝时代的新学及时地传入了东土，《胜鬘经》《楞伽经》中的如来藏缘起的思想立即对南朝佛学产生了影响；《相续解脱经》其实就是《解深密经》的最后两品《地波罗蜜多品》、《如来成所作事品》，这就使中国佛教徒开始接触到印度瑜伽行派的唯识论（Vij ũ āharādin）。

本经有《频伽藏》本、《碛砂藏》本、《龙藏》本、《房山石经》本、《大正藏》本，常熟刻经处本和金陵刻经处本。

本书释译所采用的版本为金陵刻经处本，该版本校勘之精密为世所公认。金陆刻经处，创立于光绪二十三年（公元一八九七年），是一个出版、发行佛籍的专门文化机构。它标志着中国佛学近代发展阶段的开始，从此以后，中国佛学家研究佛籍大都以它的版本为底本。金陵刻经处的创始人杨文会（公元一八三七——一九一一年），号仁山，安徽石埭人，是中国近代佛学的开山鼻祖之一。

本经的主要内容，述佛陀在给孤独精舍（Jetavana Anāthapiṇḍikassa Ārama）时，舍卫城（Sūvatthī）波斯匿王（Prasenajit）和末利夫人（Mālika）致信女儿胜鬘夫人，在信中赞颂佛的功德，引导女儿归佛上进。胜鬘夫人得信，欢喜说偈，礼请如来，佛即现身。于是佛为胜鬘夫人作授记，预言她将来成佛号普光如来，并为她讲授佛法。胜鬘夫人在佛的教言启迪下，当即对佛法义理进行了推阐演说，经文的主要内容大都是通过她的口讲述出来的。

全经共有十五章，除最后一章是总括全经内容外，其他各章分别阐说所谓十四义，即如来真实义功德、十受、三愿、摄受正法、一乘、无边圣谛、如来藏、法身、空义隐覆真实、一谛、一依、颠倒真实、自性清净、如来真子。主要内容是通过佛乘的了义与二乘（声闻、缘觉）不了义的全面对比，宣谕了三乘归入一乘的博大精神，并在此基础上阐扬了如来藏精深义理。

本经在印度佛教史上和中国佛教史上都具有重要地位，被佛学家公认为如来藏缘起论的代表作。它具有承上启下的作用，它上承《法华经》“三乘方便、一乘真实”和《华严经》“清净心妙有”的思想，并将这两者巧妙地结合起来；下启瑜伽行派《解深密经》阿赖耶识缘起论，本经对如来藏“在缠中”的凸出论述，促使了《解深密经》重视对阿赖耶识如何开展杂染现实世界的研讨。

本经在学术上的创造，主要体现在如下四个方面：

（一）发展和完善了如来藏义理。如来藏的概念本是由《如来藏经》最先提出的，但它讲得很笼统，而且主要讲的是所摄义，即如来藏众生；强调的是一切众生皆有如来藏性，这不过是将“一切众生皆有佛性”或《华严经》“清净法身充遍全法界”换个说法而已。《胜鬘经》则全面论述了如来藏的所摄义、在缠义（即真如被客尘烦恼隐覆）、能摄义（即具足诸佛所有一切功德）。

（二）突出了如来藏在缠义。在不改“向上门”的前提下强调了“向下门”，并有意识将二门有机地结合起来，从而为“一切众生皆有佛性”的大乘旨义建立了较实在的理论。

（三）提出空如来藏、不空如来藏二空义。将《法华经》的亦空亦有或非空非有的思想与如来藏义理结合起来，对空宗、有宗学说的拓展都有裨益。

（四）将三乘归入一乘的义理与如来藏义理有机地糅合，从而将大乘理想的究竟义与如来藏信行的方便义结合起来，进一步弘扬了大乘精神。

本经一传至东土并经翻译，便即盛行起来，南北两地名僧作序作注历朝不绝，以致梁武帝也为它作了《别释》。尽管自宋代以后，对本经的讲习注疏由盛转衰，但佛家仍一直将它列为重要经典。公元一九八九年，中国佛学院重编《释氏十三经》[③]时，还特地将《胜鬘经》选入。

注释

①《维摩诘所说经注·佛道品》，金陵刻经处本。

②《维摩诘所说经注·佛国品》，金陆刻经处本。

③ 20 世纪初，上海佛学书局为适应一般人研学佛典的需要，仿照儒学十三经，编辑出版了一部《释氏十三经》，颇受欢迎。公元一九八九年，中国佛学院重编了《释氏十三经》，由书目文献出版社影印出版。

经
典

1　如来真实义功德章

原典

如是我闻①：

一时，佛住舍卫国祇树给孤独园②。时波斯匿王及末利夫人③，信法未久，共相谓言："胜鬘夫人④是我之女，聪慧利根，通敏易悟。若见佛者，必速解法，心得无疑。宜时遣信，发其道意。"

夫人白言："今正是时。"

王及夫人与胜鬘书，略赞如来无量功德⑤。即遣内人名旃提罗⑥，使人奉书至阿踰阇国⑦，入其宫内，敬授胜鬘。胜鬘得书，欢喜顶受⑧。读诵受持，生希有心⑨，向旃提罗而说偈言：

我闻佛音声，世所未曾有，

所言真实者[10]，应当修供养[11]！
仰惟佛世尊[12]，普为世间出[13]，
亦应垂哀愍，必令我得见。
即生此念时，佛于空中现，
普放净光明，显示无比身。
胜鬘及眷属[14]，头面接足礼[15]，
咸以清净心，叹佛实功德。
如来妙色身[16]，世间无与等，
无比不思议[17]，是故今敬礼。
如来色无尽，智慧亦复然，
一切法常住，是故我归依[18]。
降伏心过恶，及与身四种[19]，
已到难伏地[20]，是故礼法王[21]。
知一切尔炎[22]，智慧身自在，
摄持一切法，是故今敬礼。
敬礼过称量，敬礼无譬类，
敬礼无边法，敬礼难思议！
哀愍覆护我，令法种[23]增长，
此世及后生，愿佛常摄受。
我久安立汝[24]，前世已开觉，
今复摄受汝，未来生亦然。
我已作功德，现在及余世，

如是众善本，唯愿见摄受！

注释

①**如是我闻：**释迦牟尼示寂之后，佛教徒唯恐佛陀的遗教被忘却、曲解，曾几度举行盛大集会，公推最熟悉释迦牟尼教义的弟子当众诵出亲自听佛陀所说的经、律，由众弟子审定，佛教史上称此类盛会为结集。“如是我闻”便是在结集时诵经人诵经时所说的起语，其中的“我”即诵经人自指。后世的佛弟子为弘扬佛法、发展佛教文化，也在经文开始写上“如是我闻”，《胜鬘经》就属于这一类。

②**舍卫国祇树给孤独园：**舍卫国是古代印度城市国家的拘萨罗国（kosala）首都舍卫城（Sūvatthī），后来以舍卫为号。释迦牟尼修成佛道后的第五年，舍卫国就大礼请他到本国传道弘法，舍卫国是释迦牟尼居留时间最长、教化影响最深的地方之一。释尊在一生传道活动中，曾得到不少信徒赠送的精美屋舍、园林作为弘法活动的中心，祇树给孤独园就是其中最有名的一座。祇树给孤独园又叫祇园精舍（Jetavana Anāthapiṇḍikassa Ārama）。在舍卫城里有一位长者名叫须达多（Sudatta），须达多的梵语义为善给、赈济依靠，汉译佛经习惯写成“给孤

独”。给孤独长者是位虔诚的佛教信徒，他从祇陀太子那里买下了园林为佛建立了宏伟的精舍。祇陀太子也崇信佛教，留下树林供奉佛，于是这座精舍就被命名为祇树给孤独园。

③波斯匿王及末利夫人：波斯匿王（Prasenajit）是舍卫国王。波斯匿梵语义为和悦、月光，所以波斯匿王在有的经中又称月光王。末利夫人（Mālikā）是波斯匿王的第二位夫人。末利，也就是茉莉花的茉莉。末利的梵语义为鬘，即美发。末利夫人原是一位婆罗门的婢女，名叫黄头，常年看守茉莉园。一天，如来进城化缘乞食，黄头见到佛相好，顿时生起信佛的心，并施送食物给佛，还发誓要摆脱婢女地位成为国王夫人，后来黄头果然如愿。由于黄头夫人过去看守茉莉园时，常常摘花结成美丽的发饰，被王号为末利夫人，又译为胜鬘夫人。

④胜鬘夫人：是末利夫人生的女儿，梵语为尸利摩罗（Mālyaśṛl），义为胜鬘，其实与她的母亲同名。

⑤无量功德：佛家功德的含义很广，凡是能体现佛及佛法的崇高、美好的心性、相状、功力、境界都称为功德。佛家认为修行才能获得功德，但只有佛和修行到入佛境界的人所获得的功德才算是无量的。

⑥内人名旃提罗：宫内下人名叫阉人。旃提罗（Ṣaṇḍila）梵语义为阉人，即被断去阳器的人。内人旃提罗

相当于我国古代宫里太监。

⑦**阿踰阇国：**Ayodhyā又译作阿输阇国，为舍卫国的附属国，胜鬘夫人嫁给了阿踰阇国王。阿踰阇梵语义为不可战、无斗。

⑧**顶受：**行顶礼接受。顶礼，五体投地的最尊敬的礼仪。

⑨**希有心：**即稀有难得的心想。佛家认为佛及佛道是至高无上无与伦比的，常褒美它为稀有，希有成为佛家专门形容佛及佛法的词。

⑩**所言真实者：**佛家所说的真实是讲绝对的真理，而绝对真理的标准是能断绝迷情、虚妄。

⑪**供养：**又作供、供施、供给、打供。意指供食物、衣服等予佛法僧三宝、师长、父母、亡者等。供养初以身体行为为主，后亦包含纯粹的精神供养，故有身份供养、心分供养之分。盖初期教团所受之供养以衣服、饮食、卧具、汤药为主，称为四事供养。所行之供养除财供养外，尚有法供养、礼拜等精神之崇敬态度亦称供养。

⑫**世尊：**佛有十种名号：如来、应供、正遍知、明行足、善逝、世间解、无上士、调御丈夫、天人师、佛。而世尊是十号的总称，意即三界独崇，世所共尊。或称释迦牟尼佛为释尊。

⑬**普为世间出：**佛家讲佛有三身，即法身、报身、

应身（化身），应身说一佛出世，则百亿世界中有百亿佛同时出现，佛无处不在地教化护念众生。普为世间出，意即无时无处不在世间出现。

⑭**卷属**：佛经中的眷属不仅意指亲属，还包括侍从、弟子。此处主要指内亲和侍从。

⑮**头面接足礼**：五体投地的顶礼，行礼的人以自己身体的最尊的头面接近被敬的人身体最卑的足，以表示行礼人最崇的敬意。

⑯**色身**：佛家所说的色约相当于常人说的物质，色身即有形质的身相。

⑰**不思议**：也作不可思议，形容佛及佛法、佛功德高、深、妙，常人不可思议。佛家常用否定式语表述佛及佛法的高、深、妙、胜，如无等等、不可言说、无比、无尽、无上等。

⑱**归依**：也作皈依，意即身、心归向。佛家常说的三归依，即归依佛、法、僧。

⑲**四种**：指身行杀、盗、淫、妄的四种过恶。

⑳**难伏地**：佛地的异名，佛家说修行已到了入佛的境界，外来的任何强力再也不能降伏他了，因为他已具有生不能生、老不能老、病不能病、死不能死的无上法力。

㉑**法王**：此处指如来。如来具最胜法，聚一切法，

住法自由自在，所以称法王。王，至高无上。佛教人士中的圣贤地位最高者也称法王。

㉒**尔炎：**Jñeya又作尔焰，梵语义为所知、应知或智母、智境。佛号正遍知也就是尔炎境。

㉓**法种：**佛家认为人本性具有法种，能像种子生发一样生长佛法功德。种子，作为因体，有生发出诸法的功能。

㉔**安立汝：**初始建立为安，终于形成为立，汝指佛，安立佛意即归依佛门循依佛法。

译文

这部经是我听释迦牟尼佛亲口这样说的：

那时候，释迦佛住在舍卫国的祇树给孤独园。当时波斯匿王和王妃末利夫人信仰教法为时不久，一日互相谈着："胜鬘夫人是我们的女儿，她聪明智慧生性颖利，通达灵敏容易悟解。如让她见到佛陀，亲自听受佛陀教导，她一定能很快理解佛法义理，从心里领受崇信不疑。我们应该在适当的时候派人送信给她，启发她修佛道的心意。"

末利夫人说道："现在正是时候。"

于是波斯匿王与末利夫人给胜鬘写信，概略地写上赞颂释迦如来无上功德的话。写完后，立即唤来内宫名叫旃提罗的侍从，命令他派人带信到无斗国。信使一行进入无斗国宫殿，恭敬地将信送给胜鬘夫人。胜鬘夫人非常欢喜，行五体投地的大礼恭敬受信，阅读背诵，领会忆悟，产生不可思议的依佛心念，感动地对旃提罗念起了颂诗：

我听到了佛陀的音声，那是世上从未听说过的，

佛陀说的绝对真实的法义，我要恭恭敬敬供养！

我唯一敬仰的佛世尊啊！您无时无处不在世上显现，

也应该大发慈悲怜悯我，一定要让我能够见到您。

正当我心里念着想见您时，佛陀啊！顿时在空中显现，

大放光明普天净洁耀眼，显示着无比的胜妙身相。

我和我的亲眷随从，一个个向您行五体投地大礼，

并都以清净心，赞叹佛真实的功德。

如来啊！您那胜妙的形相，人世间没有谁能与您相等，

真是无可比拟、不可思议，所以我今天向您敬礼。

如来啊！您的形相胜妙无尽，您的智慧也胜妙无尽，

一切佛法永远聚在您身上，所以我毫不犹豫地归依您。

您已降伏恶的心念，以及他们身体所做的四种过恶，

已离去身心的一切过患，而到达佛境，所以我要向您持法至上的如来敬礼。

您了知一切，生一切智慧，身具有无量智，无烦恼通达无碍，

摄取保持一切妙法，所以今天我向您敬礼。

敬礼超越称量的如来，敬礼无可譬喻的如来，

敬礼佛法无边的如来，敬礼难以思议的如来！

请发悲怜用佛光照我，用佛力护我，使我心里的法种快快萌芽增长，

不管是现世还是来世，佛啊！愿您常常摄救教化我。

我皈依您门下依法修行很久了，远在前世我就开始觉悟，

今世我又受到您的摄救教化，来世我还是皈依您的门下。

我已经努力依佛法修下功德，在现世当下，在有生之年，

我以如是众多的功德善根，唯有祈愿佛来摄救教化我！

原典

尔时，胜鬘及诸眷属头面礼佛，佛于众中即为授

记[①]："汝叹如来真实功德，以此善根，当于无量阿僧祇[②]劫[③]天[④]人之中，为自在王[⑤]。一切生处，常得见我，现前赞叹，如今无异。

"当复供养无量阿僧祇佛，过二万阿僧祇劫，当得作佛，号普光如来[⑥]、应、正遍知[⑦]。彼佛国土[⑧]，无诸恶趣[⑨]，老、病、衰、恼、不适意[⑩]苦，亦无不善、恶业道名。彼国众生色[⑪]、力[⑫]、寿、命[⑬]、五欲[⑭]众具，皆悉快乐，胜于他化自在诸天[⑮]。彼诸众生，纯一大乘[⑯]。诸有修习善根众生，皆集于彼。"

胜鬘夫人得授记时，无量众生诸天及人愿生彼国。世尊悉记，皆当往生[⑰]。

注释

①授记：梵语和伽罗（Vyākaraṇa）的意译，指佛对心依佛门的众生授予将来成佛的果，并分别记住。其实就是预言弟子在多少劫后，在哪一国土成佛，寿命如何等。

②阿僧祇：Asaṃkhya 一种义为无尽数，一种义为大众，此处用第一义。

③劫：Kalpa 梵语音译劫簸的略语，原意为极久远的时节，是佛家宇宙观中的大时，与佛家小时的"一念"

“刹那”相对。据古老的印度神话，梵天的一个白天是一个劫，约等于人间的四十三亿二千万年（一说四百三十二万年）；劫后有劫火现出烧毁一切，然后又重创一切，所以劫又引申为灾难，汉译取用“劫”字也有意译意味。佛家构拟自己宇宙观时，吸取了古老的神话中的时间观。佛家说世界有从生成到坏灭的过程，即成（生成）、住（安住）、坏（毁坏）、空（空虚），然后再生成，重复这一过程。每一从成到坏的过程为一大劫，约一百二十八亿年；成、住、坏、空各有三十二亿年为一中劫；每一中劫又都分为二十小劫。佛家将诸佛的出世时间都设定了具体的劫时，佛出世劫数的劫往往是以小劫为单位的。

④**天**：佛家所讲的天与常人所讲的天空不一样。佛家所谓天，首先是指特定众生，即因修佛道或福报高于一般人的众生，所以天又名天人、天众。其次指天众所居处，即从须弥山脚上升一万由旬（Yojana 约四十里）住有坚手天，又升一万由旬为持华鬘天，又升一万由旬为常放逸天，此三天绕山环列；又升一万由旬至山半，有四天王天依山四面住；又升四万二千由旬至须弥山顶忉利三十三天；再往上升则是空居诸天，皆依云居住。天众是按修行果位由低到高依次安住的。

⑤**自在王**：指胜鬘夫人未来因地所得的果报。胜鬘夫人还要经长期的修行才能成佛；于此无量阿僧祇劫中，

都是在天人中为自在王的。

⑥普光如来： 即胜鬘夫人将来成佛时之佛号。因胜鬘见佛时，“佛于空中现，普放净光明”；她即由此见佛赞佛，增长成熟功德善根，故成佛时，名为普光。

⑦应、正遍知： 应即应供的略语，应供与正遍知分别为佛的第二号、第三号。应供意即断绝一切恶，应该受一切世间人天的供养，又义称得上众生所种的福田，梵语为阿罗诃 Arhat。正遍知是梵语三藐三佛陀（Samyaksaṃbuddha）的意译，意即正遍知一切法，又译为正觉，其实就是全知全觉的意思。

⑧佛国土： 梵语佛统差恒罗（Buddhakṣetra）的意译，又译为佛刹、佛土、佛国、净土等。此处国土不是指通常义的国家疆域，而是指诸佛为教主所教化的界域。

⑨恶趣： 指众生因作恶而落处的受苦住所，趣即所往。作恶最多的被落入地狱，其中的苦况集中了人世间的一切惩罚和灾难；按作恶递减，所落的恶趣依次为饿鬼、畜生。以上为三恶趣，又有四恶趣的说法，在三恶上加阿修罗，又有五恶趣的说法，在三恶上加上人天。

⑩不适意： 佛籍中又作适莫，意即不合自己心意、不能使自己悦心快意。佛家所讲的适意不是通常说的切合情欲，而是意指超脱六趣生死、情欲烦恼以后，去来进止，不受情欲羁绊，得以随意自在。

⑪**色：**梵语阿迦色（Aghaṁ）的音译略语，意相当于指一切有形物质，此处指构成人身的有形肉体或人的具体形相。

⑫**力：**梵语么攞（Bala）的意译，即有用的能力。

⑬**寿、命：**佛籍中有的寿与命同义，有的寿与命连用，有的寿与命异义。此处寿与命意义不同。按佛家一般说法，要么超脱生死为佛，要么坠入六道中轮回受苦，凡轮回一期由生至死的期限即称为寿，梵语为儞尾单（Jīvita）；支持或决定人一期中煖与识（约相当于人生中的遭际和精神总趋势）的本元即命运，称为命，梵语为尾戍单（Jīvita）。

⑭**五欲：**又称五境、五尘，即色、声、香、味、触。五欲的色只指眼睛所对的形相，与前面提到的色概念不同。触指身触感觉所识别的对象，有坚、湿、暖、动、滑、涩、重、轻、冷、饥、渴十一种。色、声、香、味的对象佛家都有细致的分析，此处不详介绍。另外也有指财欲、色欲、名欲、饮食欲、睡眠欲等五种。

⑮**他化自在诸天：**指以他化自在天为代表或为首的欲界诸天，一般指欲界六天。坚手天、华鬘天、常放逸天为夜叉、鬼神所居。从四天王天至他化自在天共六天，为天人居，与下界的众生一样有情欲、食欲，所以称欲界六天。

四天王天，俗称四大金刚，即东方持国天王、南方增长天王、西方广目天王、北方多闻天王。此天人身长半里，衣重半两，寿五百岁，一日相当于人间五十年。

忉利天共三十三天，居中帝释天，其王城宫殿由黄金诸宝构成，此天人身长一里，衣重六铢，寿一千岁，一日相当于人间一百年。

夜摩天在忉利天上八万由旬处，此天光明灿烂，不分昼夜，其人身长一里半，衣重三铢，寿二千岁，一日相当于人间二百年。

兜率天在夜摩天上十六万由旬处，此天人通体光明，照耀世界，此天人身长二里，衣重二铢，寿四千岁，一日相当于人间四百年。

化自乐天在兜率天上三十二万由旬处，此天可以将自己意愿变化为现实乐事，其人身长二里半，衣重一铢，寿八千岁，一日相当于人间八百年。

他化自在天在化自乐天上六十四万由旬处，是欲界最高的居住处，此天与化自乐天同为乐天，但得乐方式相反，化自乐天是自己变化出乐具满足自己娱乐，而此天则下天去自由变化取他人变化的乐事满足自己娱乐，所以佛家又有说他是害正法之魔王。此天人身长三里，衣重仅半铢，寿长一万六千岁，一日相当于人间一千六百年。此天为整个欲界的主，所以经文特举他化自在天为欲界诸天代表。

⑯**纯一大乘：**佛家称能引导人达到涅槃成佛的彼岸的教法为乘，乘的梵语是衍那（Yāna），意即车乘或道路。佛教的发展过程中形成了大乘、小乘的教派。大乘教派兴起后，贬抑原来的原始佛教、部派佛教为小乘，不过这个“小”字部派佛教是从未承认的。然而大乘相对于小乘确有体现大的特征，小乘只强调一佛，而大乘强调多佛进而高扬一切众生皆能成佛；大乘热心菩萨修行，矢志献身于普济众生的宗教实践，从而达到彻底觉悟，而小乘则潜心于修戒定慧、八正道，侧重于智慧、精神修持，追求个人解脱；大乘向往理想的净土、佛国，而小乘则看重个人的灰身灭智。

⑰**往生：**离开原居的世间往（即去）理想的佛国净土为往，变化生活在所去的佛国净土为生。

译文

这时，胜鬘夫人和全体随从都向佛行五体投地的大礼，佛即刻在众人中为胜鬘夫人作授记：“你赞叹我为真实的功德，凭着你这赞叹佛的功德善根，应当在无量无数的阿僧祇劫，在所有的天人中，做自在王。将来，你在所有居住传法的地方，都能经常见到我的法相，那时你当面赞叹我的真实功德，和现在没有两样。

“你还应当供养无量无数的佛，经过二万无量数劫，你就会成为佛，名号是普光如来、应供、正遍知。你那时所住的清净国土中，不再有因轮回堕入的受苦处所，以及老化、病痛、衰竭、烦恼等不能切合自己心意、不能使自己愉悦、自在的苦；也不存在不善的、轮回堕入的受苦处所这一类名称。那佛国众生身体的妙相、体力充沛、极长的寿命、色声香味触无不具备，全都给人带来快乐，胜过欲界的他化自在天等六天的天人众。那佛国的众生，无例外地都修习大乘教法。所有修习善性的众生，都随愿集到那里。”

当胜鬘夫人得到佛所作的授记的时候，无数的众生各天众以及人都愿意化生到那佛国。世尊对他们都作了授记，说他们都将离开原地往生到那里。

2　十受章

原典

十受[1]章第二

尔时，胜鬘闻受记已，恭敬而立，受十大受。

“世尊！我从今日乃至菩提[2]，于所受戒[3]，不起犯心。

“世尊！我从今日乃至菩提，于诸尊长不起慢[4]心。

“世尊！我从今日乃至菩提，于诸众生不起恚[5]心。

“世尊！我从今日乃至菩提，于他身色及外众具不起嫉[6]心。

“世尊！我从今日乃至菩提，于内外法[7]不起悭[8]心。

“世尊！我从今日乃至菩提，不自为已[9]受畜财物。

凡有所受，悉为成熟[10]贫苦众生。

“世尊！我从今日乃至菩提，不自为已[11]行四摄法[12]。为一切众生故，以不爱染[13]心、无厌足[14]心、无罣碍[15]心，摄受众生。

“世尊！我从今日乃至菩提，若见孤独、幽系、疾病种种厄难[16]困苦众生，终不暂舍，必欲安隐[17]，以义饶益，令脱众苦，然后乃舍。

“世尊！我从今日乃至菩提，若见捕、养众恶律仪[18]及诸犯戒，终不弃舍。我得力时，于彼彼处见此众生，应折伏[19]者而折伏之，应摄受者而摄受之。何以故？以折伏、摄受故，令法久住。法久住者，天人充满，恶道减少，能于如来所转法轮[20]而得随转。见是利故，救摄不舍。

“世尊！我从今日乃至菩提，摄受正法[21]，终不忘失。何以故？忘失法者，则忘大乘。忘大乘者，则忘波罗蜜[22]。忘波罗蜜者，则不欲大乘。若菩萨[23]不决定大乘者，则不能得摄受正法；欲随所乐入，永不堪任越凡夫[24]地[25]。

注释

①十受：指胜鬘夫人闻佛为她授记以后，她就恭敬地立在佛前，发愿受十大受。十大受，即约三聚戒（愿

断一切恶、愿度一切众生，愿成熟一切佛法）为三类：前五是摄律仪戒，后四是摄众生戒，后一是摄正法戒。

②**菩提**：Bodhi 有三种义，（一）作动词，即彻底觉悟；（二）作名词，即彻底觉悟的境界；（三）也作名词，即诸佛道、道之极者或无上道，也就是觉悟的智慧和途径，这一义佛家径直译为道。

③**戒**：梵语为尸罗（Śila），即佛或佛家教团根据佛道的标准所拟定的防止作恶、行非、悖离佛道的禁条及有关的佛法义理，通常指禁条或戒条，如五戒、八戒，有多至二百五十戒、五百戒的。

④**慢**：傲慢，恃己所长，傲然凌人。大乘瑜伽行派将宇宙万有法划分为百法，“慢”被列为“心所法”中的六种根本烦恼法之一。

⑤**恚**：愤恨、忿怒。佛家将恚义表述为嗔，并把贪、嗔、痴称为三毒。“嗔恚”被列为“心所法”中六种根本烦恼之一。

⑥**嫉**：嫉妒，不能忍受他人比自己优而产生的慢戚、愤恨心理状态。“嫉”被列入百法中的“心所法”里的诸“随烦恼”之一。

⑦**内外法**：可作二种说法：（一）内法，指自己的身体；外法，指身外的饮食衣物等。（二）内法，指佛法

说；外法，指世间学术技能说。菩萨所通达的一切法，都是为了一切众生。

⑧**悭**：迷恋财物不肯施舍的吝啬心理，被列入百法的“心所法”中的诸“随烦恼”之一。此处特指已获得佛法都舍不得施教于别人。

⑨**巳**：当作已。

⑩**成熟**：成果，引申为成富，此处作使动词，意即使贫苦众生成富。

⑪**巳**：当作已。

⑫**四摄法**：是佛家引导教化众生归依佛门的四种方式，梵语为Catuh-saṅgraha-vestu。（一）为布施摄，施惠财物或传授佛法来满足众生对物质和精神的某种需求，使众生对佛家产生亲爱的感情，进而接受佛教道义；（二）为爱语摄，按众生各不相同的具体情况和本性条件，以对象能接受和乐听的言语给以劝慰喻示，使众生对佛家产生亲爱的感情，进而接受佛教道义；（三）为利行摄，以种种善行利益众生，使众生对佛家产生亲爱的感情，进而接受佛教道义；（四）为同事摄，按众生对象的不同本性和需要，分别显现（或参与）其中，同甘苦共患难，使众生对佛家产生亲爱的感情进而接受佛教道义。

⑬**爱染**：属于贪欲的烦恼，由于贪爱财物、女人等，

污染了心识，引生执取谋得的欲念。

⑭**厌足**：满足。不厌足特指对济度教化众生的菩萨行努力不懈，不产生满足已有成就的心念。

⑮**罣碍**：牵挂阻碍，罣字通絓或挂。

⑯**厄难**：灾难，厄音ㄜˋ饿。

⑰**安隐**：同安稳，意指身心安稳泰然，与世无争，不受诱惑、不生烦恼。隐同稳。

⑱**捕、养众恶律仪**：佛家称按善恶标准所拟定的思想行为律条准则为律仪，善律仪可以防遏恶，恶律仪防遏善。佛家认为亲近屠夫，畜养猪、羊、鸡、狗、渔猎捕杀动物，都是非善的恶律仪。

⑲**折伏**：佛家说折伏与摄受是相对的，折伏对恶人而言，摄受对善人而言。

⑳**法轮**：Dharma－Cakra 的意译，又译为正法之轮、梵轮。古印度人习称能平息诸小国纷争而成为全印度最高统治者的国君为转轮宝王。转轮是古印度的一种有效破敌兵器，后引喻为降伏人的法宝。把国君褒称为转轮宝王所向无敌，反映了古印度人向往统一、天下太平。后来佛家以转轮譬喻释迦牟尼所证的原始佛法，进而比喻整体佛教所弘扬的佛法，把佛法比作轮含义有：（一）是有如轮宝摧灭一切邪恶、疑悔、灾害；（二）是有如车轮滚滚不断传播。

㉑**摄受正法**：即指为正法而学习、修行、悟证，都名为摄受正法。摄受，指听闻，摄持而领受、记忆在心，并精勤修行、证悟而实现正法。正法，即真如、法性、实相，这是不偏不邪的究竟法，所以名正法。

㉒**波罗蜜**：又作波罗蜜多（Pāramitā），直译为彼岸到，习惯译为到彼岸。波罗（Pāra）即彼岸，蜜多（mitā）即到。又意译为度、度无极、究竟等。其实就是佛家指称将众生由生死此岸度到涅槃彼岸的法门。

㉓**菩萨**：梵语菩萨表示法很多，最完全的称法为摩诃菩提质帝萨埵（Mahābod-hicittasattva）。摩诃（Mahā）即大；菩提（Badhi）前面已释；质帝（Citta）即心、心灵、思想；萨埵（Sattva），为有情或众生，原意为本身、本体。梵语其他几种表示法摩诃质帝萨埵、摩诃萨埵、菩提萨埵、萨埵，都是摩诃菩提质帝萨埵的简化，菩萨又是菩提萨埵的简化。摩诃菩提质帝萨埵直译应为胜大的具足无上道心的众生，或意译为大道心众生、道众生、求无上道的大心人、求大觉大道的人、大觉有情、觉有，或意译为开士、始士、大士、高士等。大乘干脆称为求佛道的大乘众或求佛道的众生，本经此处的用法即此义。

㉔**凡夫**：佛家将不能断离尘世污染、证知佛法义理的人称为凡夫，与断离尘世污染、修行佛道达到入佛果位的圣人相对。

㉕**地**：此处地不是指大地，而是指人所处的境界，佛家是以佛法标准来划分人的境界的。

译文

这时，胜鬘夫人听完了佛作的授记，恭敬地站着，接受佛讲授的十种佛法。（胜鬘夫人听完佛讲授的十种佛法后，发誓说：）

“世尊！我从今天起奉行，甚至到彻底觉悟的时候也不变，对接受的戒律不生违犯的心念。

“世尊！我从今天起奉行，甚至到彻底觉悟的时候也不变，对修行有成的各位尊敬的长辈不生傲慢的心念。

“世尊！我从今天起奉行，甚至到彻底觉悟的时候也不变，对所有的众生不生怨恨、忿怒的心念。

“世尊！我从今天起奉行，甚至到彻底觉悟的时候也不变，对别人美妙的身体和拥有的各种物品不生嫉妒的心念。

“世尊！我从今天起奉行，甚至到彻底觉悟的时候也不变，对于佛法及世间学术技能皆不遗余力救助，决不生悭吝的心念。

“世尊！我从今天起奉行，甚至到彻底觉悟的时候也不变，不为私利积蓄财物。所有积蓄的财物，都用来接济贫苦的众生。

“世尊！我从今天起奉行，甚至到彻底觉悟的时候也不变，不怀私心，施行布施、爱语、利行、同事四法摄救教化众生；为了一切众生，用不贪爱染污的心、不满足已成的心、无罣碍、执着的心摄救教化众生。

“世尊！我从今天起奉行，甚至到彻底觉悟的时候也不变，如果见到处在孤独、拘禁、疾病等种种灾难、困苦中的人们，定要自始至终努力不懈，使他们身心得到安稳，不生烦恼，然后用佛法义理教化他们觉悟，使他们脱离各种苦，然后才舍离。

“世尊！我从今天起奉行，甚至到彻底觉悟的时候也不变，如果见到施行渔猎捕杀动物，畜养猪、羊、鸡、狗等等非善的恶律仪和各种违犯戒条的人，我要自始至终努力不懈地摄救教化他们，不达目的决不放弃。当我获得佛法能力的时候，无论在哪里见到这类人，当用强力迫使屈服的就用强力迫使他们屈服，当用佛法摄救教化的就用佛法摄救教化他们。什么缘故？因为施行强力迫伏、摄救教化二法，能使佛法永世长存。佛法永世长存，天人就会充满，恶道受苦的众生就会减少，人们才能紧紧跟随如来所传播的佛法修成正果。因为我懂得这一切有利众生，所以我决心施行救摄教化的法事永不停息。

“世尊！我从今天起奉行，甚至到彻底觉悟的时候也不变，所接受的真正佛法，始终不忘掉。什么缘故？因为忘掉了真正的佛法，就忘掉了普度众生的大乘宗旨。忘掉了普度众生的大乘宗旨，就忘掉了由生死此岸度到涅槃彼岸的根本法门。忘掉由生死此岸度到涅槃彼岸的根本法门，就是不想奉行普度众生的大乘教旨。如果菩萨不决心奉行普度众生的大乘教旨，就不可能得摄受真正的佛法。只想随着自己乐意的教法行事，是永远不能超越凡夫地入佛道的。

原典

“我见如是无量大过，又见未来①摄受正法，菩萨摩诃萨②无量福利③，故受此大受。法主④世尊现为我证⑤，惟佛世尊现前证知。而诸众生善根微薄，或起疑网⑥，以十大受极难度故，彼或长夜非义饶益，不得安、乐⑦。为安彼故，今于佛前说诚实誓。我受此十大受如说行者⑧，以此誓故，于大众中，当雨天华⑨，出天妙音⑩。”

话是语时，于虚空中雨众天华，出妙声言：“如是如是，如汝所说，真实无异。”

彼见妙华及闻音声，一切众会疑惑悉除，喜跃无量而发愿言：“恒与胜鬘常共俱会，同其所行。”

世尊悉记一切大众如其所愿。

注释

①**未来**：佛家所说的未来，不单纯意指时间，而是意指应当到来实现的，现在还没有到来实现，所以未来在佛籍中又写作当来。

②**菩萨摩诃萨**：菩萨中的大菩萨。一般有二义，一是特指菩萨中果位极高接近佛位的菩萨，如称普贤菩萨摩诃萨；一是泛指一切虔诚修佛的人。菩萨摩诃萨一般用法与菩萨、大菩萨相同。摩诃萨即摩诃菩提萨埵的简化。

③**无量福利**：又作福德。佛家所说的福利，不是意指普通人的生活利益，而是上求佛道的修行人达到入佛的果位后所获得的彻底觉悟、清净涅槃、超脱凡俗、游戏神通、断绝烦恼、跳出恶道、法喜禅悦、随缘任运等等福利。无量福利，指入佛所获得的福利无可衡量，非一般人所获得的生活福利可比。

④**法主**：同法王，指如来或佛。

⑤**证**：指证明、证知。指世尊证知胜鬘夫人确能受戒而持行。

⑥**疑网**：对佛法的信仰不专不坚，心念中产生的疑

惑像网一样束缚着人，使人难入佛道门径。

⑦**安、乐**：安即安稳，不受诱惑、不生烦恼；乐，即断离烦恼自在乐法。

⑧**如说行者**：当为“如所说行者”。行，即身、口、意的造作，其实多指宗教实践。说行者，即胜鬘夫人前面所说的如何作为的话。如说行者即要实践自己所说的如何作为的话，决不食言。

⑨**雨天华**：雨天华又常写作“雨诸天华”。天华，天上的各种奇香妙好的花，佛家往往列举白华、大白华、赤华、大赤华等四种。古代华字同花。

⑩**天妙音**：天上发出的美妙动人的声音。妙音，又作妙音声，有两种概念，（一）是由伎乐演奏出的美妙音乐；（二）是特指佛或大菩萨说法的话音美妙动人、话义精湛服人，这一义有时表述为“妙声言”。雨天华、出天妙音都是祥瑞。

译文

“我见到过现世这样的无数的严重罪过、灾难，又知道了将来摄受正法的大菩萨，会获得无量的成就功德，所以我要接受佛亲自传授的十大佛法。无上的法王世尊现在就为我证明，也惟有佛世尊才能现前证知，证知我确能受戒而持行。可是广大的未脱情欲的众生善性微弱，听说受此十大戒，或者会起疑惑，认为这十大受是极难究竟成办，所以这疑惑的众生，也许会因此而在生死中轮回不息，又常起种种非义的不饶益事，所以身心得不到安乐。为了使那些善根薄弱的众生安乐，我才当着佛的面发诚实的十大弘誓。如果我接受世尊所传授的十大佛法，能实践我所发的誓言中的作为，为了印证这十大誓愿，在众人之前空中应当落下五彩缤纷的奇香妙花，天上应当传送着美妙动听、精湛感人的佛音。”

胜鬘夫人在佛陀面前说完这些话，顿时在空中落下五彩缤纷的奇香妙花，天上传送着美妙动听、精湛感人的佛音：“如此如此，一切都像你所说的，完全真实，没有差异。”

众人亲眼看见天落妙花，亲耳听到天传佛音，所有聚会者心里对佛法的疑惑都消除了，无比欢喜地雀跃不已，都向佛发誓言：“我们永远同胜鬘夫人一起修习，和她一道实践她在十大誓中所许下的诺言。”

世尊全都作下授记，让所有的人将来都实现所发的誓愿。

3　三愿章

原典

三愿[①]章第三

尔时，胜鬘复于佛前发三大愿，而作是言："以此实愿，安慰无量无边众生。以此善根，于一切生得正法智[②]，是名第一大愿。我得正法智已，以无厌心为众生说，是名第二大愿，我于摄受正法，舍身、命、财护持正法，是名第三大愿。"

尔时，世尊即记胜鬘三大誓愿。如一切色悉入空界[③]，如是菩萨恒沙[④]诸愿，皆悉入此三大愿中。此三愿者，真实广大。

注释

①**愿：**同誓。誓与愿还可连用为誓愿。细分誓与愿，义略有不同，誓偏重于自我约制，愿偏重于志求满足。

②**正法智：**一般情况下与正智、无漏智同义，都意指断绝惑见、契合真如。但正法智的外延要比无漏智、正智窄，多意指对现世法（现世现实现象）的观省了知，所以法智又称为现智。

③**空界：**佛家认为一切有形物质是容纳在无边虚空之中的，所以有的佛派还拟立空界色的概念，说门窗、口、鼻内外窍隙就是可见的空界色。空界不同于佛家哲学抽象的空或空性、空相，但佛家有时把空比喻为空界、虚空，以谕示空的涵纳无边，这是为了让理解力差的人能体会空的抽象意义，不是说空等于空界。

④**恒沙：**恒河沙，佛家常常用来比喻数量极多，恒河是印度第一大河，恒河中的沙粒比其他河中的沙粒细，所以恒河中的沙粒数之多给古印度人的印象很深。

译文

这时，胜鬘夫人又在佛的面前发出三种大誓愿，她这样说道：“我要以这诚实的誓愿，安定慰藉那无量无边的众生。凭借这样的善心，我能在生生世世中，断离惑见烦恼，能领悟契合真理的智慧，这称为第一大愿。我断离惑见烦恼，领悟契合真理的智慧后，一定抱着努力不懈永不满足的心念，为众生讲演如何断离惑见烦恼、领悟契合真理的智慧，这称为第二大愿。我接受佛讲授的真正佛法后，还要舍弃自己的身体、生命和财产，来护持所获得的真正的佛法，这称为第三大愿。”

这时，世尊立即对胜鬘夫人发出的三大誓愿作了授记。就像一切有形物质遍入无尽的虚空，如此，菩萨所有像恒河沙数多的誓愿，也都纳入到胜鬘夫人所发的三大誓愿之中。这三大誓愿，是真实不虚广大无量的。

4 摄受正法章

原典

摄受正法章[1]第四

尔时，胜鬘白佛言："我今当复承佛威神[2]，说调伏[3]大愿真实无异。"

佛告胜鬘："恣听汝说[4]。"

胜鬘白佛："菩萨所有恒沙诸愿，一切皆入一大愿中，所谓摄受正法。摄受正法，真为大愿。"

佛赞胜鬘："善哉！善哉！智慧方便[5]，甚深微妙[6]。汝已长夜殖诸善本[7]，来世众生久种善根者乃能解汝所说。汝之所说摄受正法，皆是过去、未来、现在诸佛[8]已说、今说、当说[9]。我今得无上菩提，亦常说此摄受正法。如是我说摄受正法，所有功德不得边际。如来智慧辩才⑩亦无边际。何以故？是摄受正法，有大功德，有大利益。”

注释

①**摄受正法章**：前一章将大乘菩萨修行的十受的誓愿概括为三大誓愿，本章又将前章的三大誓愿总括为一大愿即“摄受正法”，然后将“摄受正法”升华为佛学的范畴，接着通过胜鬘夫人与佛的讨论展开对“摄受正法”内涵的阐释。

②**佛威神**：形容佛外在形象威势勇猛令俗人敬畏，内在神通力精深不可测度。

③**调伏**：有两种通行的解释，但都是强调刚柔兼施使众生离邪依正归顺佛门。一种解释是，调和控制人的身、口、意的造作，制伏诸恶以依佛法；另一种解释是，对性柔的人用法义调理教化，对性刚的人用强势制约降伏。

④**恣听汝说**：恣，任凭。这里表现了佛陀的平等待人，谆谆善诱。

⑤**智慧方便**：也作般若方便，梵语为 Prajñā Upāyakauśala。这里所说的智慧，并不等同于前面所述及的正智或正法智。般若作为一种佛学流派或一种论学法

门，是与精湛抽象的“性空”学说以及演绎“性空”的抽象义理所运用的巧妙的推导方法、表述方式密切相联的。方便是方便善巧的略语，大乘往往用来意指在普度众生的菩萨行中所运用的各种随机灵活的方法，所谓方便多门。智慧方便意即演绎佛法义理的无比慧巧的方法。

⑥**甚深微妙**：这是佛籍中常用来形容佛法义理精深美妙的语词。甚深，不能按通常词义翻译为很深，佛家用甚深的时候往往含有深到极致的意味。微妙，是从审美的角度褒美佛法义理玄奥美妙不可思议。

⑦**殖诸善本**：殖同植，佛家更多用“种”字；本同根，都是指本性中的心意识。

⑧**过去、未来、现在诸佛**：这辞意涉及佛家关于诸佛出世的信仰，诸佛出世的信仰又与佛家的宇宙观紧密联系着。前面曾述及，劫有大、中、小之分。佛家又将连续的大劫分为过去劫、现在劫、未来劫。过去劫名庄严劫，有以迦叶佛（Kā s̃ yapa）、释迦牟尼佛（Śākyamuni）为代表的一千佛出世；现在劫名贤劫，有以拘留孙佛（Krakucchanda）为代表的一千佛出世；未来劫名星宿劫，有以须弥相佛（Sumeru）为代表的一千佛出世。佛家宣谕大乘“一切众生皆能成佛”的思想，既然佛自古以来就有，将来也不断涌现，自然是人人都有成佛的可能。

⑨**已说、今说、当说**：与过去、现在、未来是相对应的，即过去劫诸佛已经说过，现在劫诸佛现在说着，未来劫诸佛未来一定会说。当说，应当说而未曾说，将来一定会说，所以当说也可作未来说。

⑩**辩才**：善于巧妙地讲明佛法义理的才能。

译文

这时，胜鬘夫人对佛说："我现在应当再秉承您的威德神通力，说说我立下的十大受、三大愿，使众生离邪依正归顺佛门，它是真实不虚，可以完全印证的。"

佛对胜鬘夫人说："任凭你说，我听着。"

胜鬘夫人对佛说："菩萨们所有的像恒河沙数多的誓愿，都包含在一大誓愿中，即前面讲述的摄受正法。施行摄受正法，以使人契合真如理体，为最大的誓愿。"

佛赞扬胜鬘夫人："妙啊！妙啊！演绎佛法义理的无比慧巧的方法，真是精深玄奥妙不可言。你已是在过去长久中修习福德智慧诸善根，来世的众生中只有长久地修行种植善根的人才能理解你讲的义理。你讲的摄受正法，都是过去劫诸佛讲到过的，现在劫诸佛现在讲着的，未来劫诸佛将来也一定会讲的。我现在获得无上道，也常常讲述这摄受正法。因此我说施行摄受正法，所获得的功德是无限的。如来契合真如理体的智慧、巧妙讲明义理的才华，也是无限的，什么缘故呢？因为施行这摄受正法，能使人获得大的功德，获得脱离苦海入佛自在的大利益。”

原典

胜鬘白佛：“我当承佛神力，更复演说摄受正法广大之义①。”

佛言：“便说。”

胜鬘白佛：“摄受正法广大义者，则是无量，得一切佛法，摄八万四千法门②。

“譬如劫初成时③，普兴大云，雨众色雨及种种宝④。如是摄受正法，雨无量福报及无量善根之雨⑤。

“世尊！又如劫初成时，有大水聚，出生三千大千界藏⑥及四百亿种种类洲⑦。如是摄受正法，出生大乘无量界藏，一切菩萨神通之力，一切世间⑧安隐快乐，一切世间如意自在，及出世间安乐劫成⑨，乃至天人本所未得皆于中出。

“又如大地持四重担，何等为四？一者大海，二者诸山，三者草木，四者众生。如是摄受正法善男子、善女人⑩，建立大地⑪，堪能荷负四种重任。喻彼大地，何等为四？谓离善知识⑫、无闻⑬、非法⑭众生，以人、天善根而成熟之；求声闻者，授声闻乘⑮；求缘觉者，授缘觉乘⑯；求大乘者，授以大乘。是名摄受正法善男子、善女人，建立大地，堪能荷负四种责任。世尊！如是摄受正法善男子、善女人，建立大地，堪能荷负四种重任，普为众生作不请之友，大悲安慰哀愍众生，为世法母⑰。

“又如大地有四种宝藏⑱，何等为四？一者无价，二者上价，三者中价，四者下价，是名大地四种宝藏。如是摄受正法善男子、善女人建立大地，得众生四种最上大宝，何等为四？摄受正法善男子、善女人，无闻、非法众生，以人天功德善根而授与之；求声闻者，授声闻乘；求缘觉者，授缘觉乘；求大乘者，授以大乘。如是得大宝众生，皆由摄受正法善男子、善女人得此奇特⑲希有功德。世尊！大宝藏者，即是摄受正法。

注释

①**广大之义：**指本段内容演说的是摄受正法力用的巨大，为了给读经的人以强烈印象，作经人多次以宇宙宏观事物作譬喻比较，具有很强的感染力。

②**八万四千法门：**法门即佛家所肯定的修行入道的途径、方法、义理、轨则等，即依佛法入佛道之门径；

八万四千形容法门之多，并非确数，佛家说人有八万四千烦恼，所以必须以八万四千法门对治。八万四千这一数词在佛籍中使用频率很高。

③劫初成时： 指一个大劫在成劫这一中劫时的第一小劫。佛家有关于器世间即物质的宇宙或自然世界形成、演变和构成的系统理论，其中的宏微观、发展变化论、无限论都含有合理成分。佛家认为宇宙宏体都是不断生灭变化运动永不止息的，每一世界都不断成、住、坏、空，当前一大劫发展到空劫的第二十小劫时，世界体便又要生成，进入到新的大劫的成劫期，成劫则从第一小劫开始。

④种种宝： 佛经通常讲器世间的宝物为七宝，即金（Suvarṇa）、银（Bn̄pya）、琉璃（Vaidūrya）、玻璃（Spha ṭika）、砗磲（Musāragalva 一种背有车纹的海贝）、赤珠（Rohita-mukla）、玛瑙（As̄magarbha），有的经典上列有玫瑰、琥珀、珊瑚，虽品种大同小异，但都凑成七宝之数。其实七宝都是古印度王宫和婆罗门珍藏的贵重物品，有的则是市场流通币。佛家所说雨种种宝，不是简单地说从虚空中落下七宝。佛家描写劫初成时，大雨下了成千上万年，水满漫到二禅光音天才止，有大风起吹波鼓沫，水沫聚凝才形成自然七宝的天宫，即初禅的梵天宫；大水逐渐减退，又是大风吹波鼓沫凝结成欲界六天；大

水再减，水沫才凝成须弥山、诸咸海、金山、部洲等。这种世界形成模式，是古代佛家凭借哲理的智慧，构拟出来的。

⑤**雨无量福报及无量善根之雨：**意即摄受正法所获的福报、所种的善根，就像劫初成时所下的雨那样广大。

⑥**三千大千界藏：**是三千大千世界华藏的略说。佛家以非凡的智慧构拟了一个非常恢宏而美丽的宇宙。这个宇宙由无数的个体世界结成梯级的系统形式，颇类似于现代宇宙观中的星球、太阳系、星团、星系、超星系、总星系。一个世界由下至地下的地狱，上至梵世界、有日月环绕的须弥山的空间构成，这一世界在佛家视为一微尘。一千个世界称为一小千世界，一千个小千世界为一中千世界，一千个中千世界为一大千世界。由于一个大千世界中包括小、中、大三个级别千数，所以又称为三千大千世界，共包含十亿个世界。佛家又把三千大千世界作为微尘。

恒河沙数三千大千世界构成“佛刹微尘数世界”，又叫“一国土”。每“一国土”有一教主，我们地球人居住的世界所属的国土名为娑婆界毘卢遮那如来佛刹，教主即释迦牟尼佛。

二十个佛刹微尘数世界上下重叠构成二十重华藏世界，坐落在“摩尼（Maṇi 即珍珠）王莲华（花）”上，莲花幢（柄）深植于无边的“无边妙华光香水海”中。无数的“二十重华藏世界”又组成“十不可说世界微尘数刹种”坐落在“总大莲华”之上，此“总大莲华”的幢又深植于不可思议大的“普光摩尼香海”中。所以整个宇宙，佛家又通称为华藏世界，即世界被含藏在重重莲华之中。佛家往往只看重华藏之说的象征义，即意味佛法胜妙广大。

隋代的吉藏在《胜鬘经宝窟》中注释说：“隔别故称为界，三千苞含人物目之为藏。”

⑦四百亿种种类洲：洲即部洲。佛家构拟的世界以须弥山为中轴，须弥山四周为七金山（七轮围山），山之间为七重香水海。七金山外又有由铁构成的轮围山，名铁围山。铁围山内有巨大的咸海，咸海中东南西北各有一洲，总名为“四大部洲”或“四天下”，东方为“胜神洲”；南方为“赡部洲”，佛家认为我们地球人就住在此洲上；西方为“牛贺洲”；北方为“俱芦洲”。每大部洲中间有两中洲，共八中洲，此外有无数小洲。四百亿种种类洲，就是泛指三千大千世界的十亿世界中的大、中、小种种洲。

⑧一切世间：佛家称众生界为有情世间，自然界为器世间。佛家又认为“一切世间”为秽土，虚幻不实，住世间的众生因执念世尘难逃生死苦海。经文此处则讲

“摄受正法”可以教化世间众生使之离苦趋乐，弃妄契真。

⑨**出世间安乐劫成：** 意即“摄受正法”可以使众生涅槃成佛，超出世间的安乐而享佛国净土的无量福德，超脱器世间的劫变而永离大劫成坏灾祸（佛家讲大劫成坏过程中有大三灾即风、水、火和小三灾即饥馑、疾疫、刀兵，令众生苦不堪言）。

⑩**善男子、善女人：** 佛家所说的善、不善，除了以一般伦理道德为标准外，主要是以依不依佛法为标准的。

⑪**大地：** 此处大地不是指通常所讲的大块土地，而是修行入佛道所达到境界之高。地，修法入道获佛性圣位为地，又称为住。大乘将菩萨地分为十地，获得的高地位称为大，所以大地就是菩萨进入的高地（高境界）。

⑫**离善知识：** 此处的知识不是意指知事识理，而是友或知友的意思。此人对彼人非常熟悉了解（知心识面貌）并能施加影响，此人就是彼人的知人、友人、知友称为知识。友人有善有恶，引人作恶为恶知识；导人向善为善知识，有时也简称为知识。佛家所说的善知识，是指导引人行善修佛的知友。离善知识，意即与导引人行善修佛的知友绝交。

⑬**无闻：** 即无闻佛道，没有听受过佛道。

⑭**非法：** 即非佛法，否定佛法。此处的非法与空宗

经常讲的“非法”“非非法”的概念完全不同。

⑮**声闻乘**：梵语为舍罗婆迦（Śrāvaka），指通过听受佛的声教、领悟四谛的义理得道的小乘弟子。大乘兴起后，认为声闻乘不过是佛道中的最下根。

⑯**缘觉乘**：梵语为辟支佛（Pratyekabuddha），又作独觉乘，指虽然没有师友导引，但凭着自己智慧观悟到十二因缘的义理，从而得入佛道；也属小乘弟子，大乘弟子认为缘觉乘要比声闻乘根性强，所以有的经籍说缘觉乘为中乘。

⑰**法母**：随顺佛道并受到佛法养益的一般信徒为法子，以佛道普度教化一切众生则为法母。

⑱**大地有四种宝藏**：此处大地确指陆地，四种宝藏泛指大地上所有的不同价值的宝物藏器。

⑲**奇特**：梵语为阿阇理贰（Āścarya），意思是独一无二。

译文

胜鬘夫人对佛说：“我应当秉承您不可测度、通融随意自在的神通力，再进一步演说摄受正法的‘广大’含义。”

佛说：“请说吧。”

胜鬘夫人对佛说："摄受正法'广大'的含义，是无量的，它包容一切佛法，含纳八万四千种可入佛道的门径。

"譬如成劫，世间刚开始的时候，从虚空中兴起大黑云，接着从浓云降下倾盆大雨，还随着雨降下种种宝物。这世界生成之初的景观多么广大！然而摄受正法就像这一样的广大，如同普降霖雨，将无量的福德果报和无量的善根降施给一切众生。

"世尊！又譬如成劫，世间刚开始的时候，雨水聚积漫到二禅光音天，当飓风吹波鼓沫时，水沫凝生成三千大千世界共有一百亿须弥山，和四百亿种种部洲。摄受正法就像这世界生成一样的广大，它使无数众生居住的世界化成大乘教化的世界，它使一切菩萨具有施法不可测度、通融随意自在的能力，它使一切世间的众生不受烦恼，身安心稳离苦快乐，它使一切世间的众生超脱尘世羁困，升到任意变现通达的境界；它能使人们彻底觉悟，超出世间的安乐方享受佛国净土的无量福德；超脱世界的劫变，永离大劫的成坏灾祸。甚至天人原本不可能获得的无量功德快乐，都能从摄受正法中获得。

"又譬如世界的大地承担着四种重担，什么是四种重担？第一种是大咸海；第二种是各类山；第三种是草木；第四种是有情众生。奉行摄受正法的善男子、善女人，修成入佛的高位境界，才能够承当四种重任，与那世界的大地担四重担一样。什么是四种重任？意思是这样的：与恶朋友交往的人，对没有听受过佛道的人，对不信佛道的人，应以人、天的善法启发，使他们皈依佛门修成正果；有的人企求声闻果，就对他们传授声闻乘教法；有的人企求缘觉果，就对他们传授缘觉乘教法；有的人企求通过修习大乘菩萨行达到入佛境界，就为他们传授大乘教法。这就称为奉行摄受正法的善男子、善女人，他们修成入佛的高位境界，才能够完全承当四种重任。世尊！像这样奉行摄受正法的善男子、善女人，修成入佛的高位境界，完全能承担四种责任，能做一切众生的善知识，不需别人请求，主动导引人向善学佛；能怀着深重广大的菩萨心肠拔救众生苦难，安慰同情众生；能献身于以佛法普度世间一切众生的事业。

“又譬如世界大地上有四种宝藏。什么是四种宝藏？第一种是无上价值的宝藏，第二种是高价值的宝藏，第三种是中等价值的宝藏，第四种是低价值的宝藏，这些就称为世界大地上的四种宝藏。奉行摄受正法的善男子、善女人，就像世界大地得有四种宝藏一样，也能使众生得四种最高价值的宝藏，这四种最高价值的宝藏是什么呢？奉行摄受正法的善男子、善女人，对于没有听受过佛道的众生、不信仰佛道的众生，就以人天的善法传授，使他们修得佛道；有的人企求声闻果，就对他们传授声闻乘教法；有人企求缘觉果，就对他们传授缘觉乘教法；有的人企求通过修习大乘菩萨行达到入佛境界，就对他们传授大乘教法。使众生修成大宝一样的佛法正果，能得到这样的成就，都是由于摄受正法的善男子、善女人，以正法教化他们，才能建树如此独一无二、旷世所无的功德的。世尊！众生所得四种‘大宝藏’——正法，即是含摄大乘的广大无边义。

原典

“世尊！摄受正法摄受正法者[①]，无异正法，无异摄受正法。正法即是摄受正法。世尊！无异波罗蜜[②]，无异摄受正法。摄受正法即是波罗蜜，何以故？

“摄受正法善男子、善女人，应以施[③]成熟者，以施成熟，乃至舍身支节[④]，将护彼意而成熟之，彼所成熟众生建立正法，是名檀波罗蜜。

“应以戒成熟者，以守护六根[⑤]，净身、口、意业[⑥]，乃至正四威仪[⑦]，将护彼意而成熟之，彼所成熟众生建立正法，是名尸[⑧]波罗蜜。

“应以忍成熟者，若彼众生骂詈、毁辱[⑨]，诽谤、恐怖，以无恚心、饶益心[⑩]、第一忍力[⑪]，乃至颜色无变，将护彼意而成熟之，彼所成熟众生建立正法，是名羼提[12]波罗蜜。

“应以精进成熟者，与彼众生不起懈心，生大欲[13]心，第一精进[14]，乃至若四威仪，将护彼意而成熟之，彼所成熟众生建立正法，是名毘梨耶[15]波罗蜜。

“应以禅成熟者，于彼众生以不乱心、不外向心[16]、第一正念[17]，乃至久时所作，久时所说，终不忘失，将护彼意而成熟之。彼所成熟众生建立正法，是名禅波罗蜜。

“应以智慧成熟者，彼诸众生问一切义，以无畏心而为演说一切论[18]、一切工巧究竟明处[19]，乃至种种工巧诸事，将护彼意而成熟之。彼所成熟众生建立正法，是名般若波罗蜜。

“是故，世尊！无异波罗蜜，无异摄受正法。摄受正法即是波罗蜜。”

注释

①**摄受正法摄受正法者：**这种表述的通俗意义是真实地、全面地、不懈地奉行摄受正法。这类词句重叠表述法在佛籍中屡见不鲜。者，表提下文或停顿语气，并没有实义。

②**无异波罗蜜：**意指摄受正法与度众生到涅槃彼岸

的法门没有什么不同。经文接下去就讲到奉行摄受正法的人应该怎样去施行六度。

③**施**：布施的略语，梵语为檀那（Dāna），略为檀。布施即将福施给别人，以施财为主，不限于财。如对无闻佛法的人传授佛法，又可作施解，即施法。

④**支节**：肢解。

⑤**守护六根**：根的意义在“能生”，六根意指六种感官能生出六识即眼识、耳识、鼻识、舌识、身识、意识。六根又称六处，意即六种感官是六识所生起的处所。

⑥**净身、口、意业**：使身体、语言、思想造作趋向善。业，梵语为羯磨（Karma），意即行为造作。佛家以道德伦理为标准将业的性质分为善、恶、无记（不善也不恶）。

⑦**正四威仪**：指行、住、坐、卧四种威仪。为比丘、比丘尼所必须遵守之仪则，亦即日常之起居动作须谨慎，禁放逸与懈怠，以保持严肃与庄重。佛教中之三千威仪、八万细行等，皆不出行、住、坐、卧。

⑧**尸**：梵语尸罗（Śila）的略说，直接意译为清凉，又意译为戒。佛家说人的身、口、意业一旦趋于犯罪便会使人的情感欲念烧热不住，行为狂热，施行戒法就可以将情感欲念及行为的邪热降退并熄灭。

⑨**骂詈、毁辱**：詈同骂，毁同毁。

⑩饶益心：饶益原义为以丰厚财资利益他人，此处意思是竭力尽心利益他人。饶，丰富、富足。

⑪第一忍力：佛家对忍有细致的分析，各宗派对忍的划分、释义不同，多数佛派讲第一忍力是忍耐别人怨恨迫害的能力。

⑫羼提：Kṣānti 即忍辱的梵语。忍耐迫害，能对治嗔恚，使心安住。

⑬大欲：指正欲，善的企求，相当于崇高理想，不是五欲的欲。

⑭第一精进：佛家对精进有细致的分析，有一种通常三分法：第一精进为被甲精进，即怀有菩萨矢志普度众生的理想，万难不渝，努力不已，就像披着坚甲前进；第二精进为摄善精进，即勤修善法不倦；第三为利乐精进，勤化众生不倦。另又解释为最上精进。

⑮毘梨耶：Virya 精进的梵语，也音译为尾唎也。

⑯不外向心：指心向外驰求，有了此心，定就不成。

⑰第一正念：人的思想意识能弃世相虚妄，专注于求索契合真理为正念，达到坚固抗扰无所畏惧地修持佛法为第一（最上）正念。

⑱演说一切论：宣传讲解一切阐释佛道义理的理论。论的梵语为优婆提舍（Upadeśa），这个梵语源于“十二部经”中的优婆提舍，通译为论义经，它采用的谕经表

述方式与其他各部明显不同，即通篇运用问答讨论辨析抉择的方式阐释佛法义理，或佛自设问，或佛与弟子对答。其他如第一部经修多罗（Sūtra），为经典中直接宣说佛法义理的长行文；第三部经伽陀（Cāthā）为诗体颂词。根据十二部经，论的含义可以理解为以问答讨论形式阐释佛法义理。后来经藏的编排渐渐通行为大藏经典之类的三藏，即经藏、论藏、律藏。经藏是佛教导弟子所说的义理；律藏是佛为弟子拟订的日常宗教生活须遵守的规则；论藏是佛的弟子们为阐释佛经的义理所作的一切著述，这些著述由于部派、宗流的演变影响，实际上已形成了种种佛教流派的不同佛学理论。根据三藏编排现象和佛教流派演变的实际，论的含义又可以理解为后世弟子的佛学系统理论。考《胜鬘经》约产生于印度大乘佛教的中期，那时佛陀的后世弟子早已撰述了许多阐释佛义的系统理论著作，并诞生了佛教史上的一系列划时代的专家论师，如印度大乘中期的伟大论师就有龙树、无着、世亲等。综合以上所述，所以把《胜鬘经》此处所说的一切论释为一切阐释佛道义理的理论。

⑲一切工巧究竟明处：工巧，工艺技巧，包括工艺、园艺、建筑、地理物产、天文算历等等；究竟，佛家一般指终极真理，此处可解释为基本原理或规律或基本理律；明，智慧的别称。佛教要求弟子除了领悟抽象的佛

法义理、修习契合真如理体外，还要掌握社会实用的技艺及其他各项本领，于是有了五明的要求：（一）声明，明言语文字；（二）工巧明，明一切工艺技术算历等；（三）医方明，明医疗卫生术；（四）因明，明考辨议论的学问，俗称论理逻辑学；（五）内明，明教内义理宗旨。其实五明的要求并非佛教所专，当时印度各教派都提倡，可见掌握服务社会的本领是古代印度的时尚。综上所述，一切工巧究竟明处可以理解为理解一切工艺技术基本原理的智慧。

译文

“世尊！完全循依摄受正法去奉行摄受正法，与真正佛法本身没有什么不同，与摄受正法本身没有什么不同，真正的佛法本身也就是摄受正法。世尊！它与将众生由生死此岸度到涅槃彼岸的法门没有什么不同，与摄受正法没有什么不同。摄受正法，也就是将众生由生死此岸度到涅槃彼岸的法门，什么缘故呢？

“因为奉摄受正法的善男子、善女人，对于应当运用布施法门使人们归依佛门修成正果的，就运用布施的法门使人们归依佛门修成正果，纵使牺牲自己的身体，甚至被肢解，也要维护他们的心意，使他们归依佛门修成正果，使得那些归依佛门修成正果的人们能建树真正的佛法，这就称为以布施度人到涅槃彼岸的法门。

“对于有些人，应当运用戒法使他们归依佛门修成正果，就以防守维护自己的眼、耳、鼻、舌、身、意六感官，使感官不受尘世恶秽垢染；使自己身、口、意的造作趋善离恶，甚至端正自己的行、住、坐、卧的威仪，好好维护他们的心意，使他们归依佛门修成正果，使得那些归依佛门修成正果的人们能建树真正的佛法，这就称为用戒法度人到涅槃彼岸的法门。

“对于有些人，应当运用忍辱法使他们归依佛门修成正果，如果那些人竟然无端咒骂、败坏、侮辱人，造谣损害、恐吓威胁人，就抱着不怀怨恨的心、竭力尽意利益他人的心，以极度忍耐别人的怨恨、迫害的能力，即使面临种种屈辱、侵害，也安详忍受，脸色不变，维护他们的心意，使他们归依佛门修成正果，使得那些归依佛门修成正果的人们能建树真正的佛法，这就称为用忍辱法度人到涅槃彼岸的法门。

“对于有的人，应当运用精进法使他们归依佛门修成正果，于是对待那些人不起懈怠心，要升起济度他们的崇高理想，抱定这理想万难不渝，努力不已，甚至保持行、住、坐、卧的仪表威德，来维护他们的心意，使他们归依佛门修成正果，使得那些归依佛门修成正果的人们能建树真正的佛法，这就称为用精进法度人到涅槃彼岸的法门。

“对于有的人，应当运用静虑法使他们归依佛门修成正果，于是对待那些人要用恒定不受尘世污秽扰乱的心，不向外驰求的心、专注求索佛法契合真如的最上心念，使他们长久时间做过、说过的佛事也始终不会忘记，以此维护他们的心意，使他们归依佛门修成正果，使得那些归依佛门修成正果的人们能建树真正的佛法，这就称为用静虑法度人到涅槃彼岸的法门。

“对于有的人，应当运用智慧法使他们归依佛门修成正果，当那些人询问一切佛法义理，要安然无畏地向他们讲演一切阐释佛道义理、一切解知工艺技术的基本原理的智慧，甚至向他们传授掌握种种工艺、技术、算历的本领，好好维护他们的心意，使他们归依佛门修成正果，使得那些归依佛门修成正果的人们能建树真正的佛法，这就称为用智慧度人到涅槃彼岸的法门。

“所以，世尊！真正的佛法本身，与将众生由生死此岸度到涅槃彼岸的法门没有什么不同，与摄受正法没有什么不同。摄受正法，就是将众生由生死此岸度到涅槃彼岸的法门。”

原典

“世尊！我今承佛威神，更说大义。”

佛言：“便说。”

胜鬘白佛：“摄受正法摄受正法者，无异摄受正法，无异摄受正法者。摄受正法善男子、善女人，即是摄受正法，何以故？

“摄受正法善男子、善女人，为摄受正法，舍三种分①——何等为三？谓身、命、财。

“善男子、善女人舍身者，生死后际等，离老、病、死，得不坏常住、无有变易、不可思议功德如来法身②。

“舍命者，生死后际等，毕竟③离死，得无边常住不可思议功德，通达一切甚深佛法。

“舍财者，生死后际等，得不共一切众生无尽无减，毕竟常住、不可思议具足④功德，得一切众生殊胜⑤供养。

“世尊！如是舍三种分善男子、善女人摄受正法，常为一切诸佛所记⑥，一切众生之所瞻仰。

“世尊！又善男子、善女人摄受正法者，法欲灭时⑦，比丘、比丘尼、优婆塞、优婆夷⑧，朋党诤讼，破坏离散，以不谄曲、不欺诳、不幻伪、爱乐正法。摄受正法，入法朋中。入法朋者，必为诸佛之所授记。

“世尊！我见摄受正法如是大力，佛为实眼⑨、实智，为法根本⑩，为通达法，为正法依，亦悉知见。”

注释

①三种分：三种部分。佛籍中分部、分类、分章等喜用“分”字，有的经文的分章，不说第几章，而说第几分，如《金刚般若波罗蜜多经》；有的经文分类喜说某某分，如序分、正宗分、流通分；有的说经文有几部也习惯说有几分，如无著作论共有五部，常说成五分。其他许多概念，尾部缀有分字，意义大抵如此。再说分字古音并非轻唇音（唇齿音），发音与部字相似。所以，此处三种分应释为部分。另《胜鬘经》的另一译本《胜鬘夫人会》略去了“三种分”这类字眼。

②法身：梵语为达摩柯耶（Dharmakāya），佛三身之一。佛家认为佛有实相真如的身，隐时（抽象）存在为法，显时（显形、其实为人格化或征象化）为法身，《大乘同性经》下说他“如来真法身者，无色、无现、无着、不可见、无言说、无住处、无相、无报、无生、无灭、无譬喻。”这种一连串否定式表述法最符合佛家的原意，但毕竟难以为常人所理解，要确指他，只有把他想象成遍虚空无穷大，所以法身佛又名为毘卢遮那佛（Vairocana)，意译为遍一切处、净满、光明照、遍照等，也有干脆译为大日的。《阿弥陀经》中把佛法身想象得更为具体了。

③**毕竟**：究竟、到底。佛家所说的毕竟、究竟，意味着入佛涅槃、超脱生死、获终极真理。

④**具足**：佛家常用此字眼形容佛法功德。与此字眼同义的还有圆满。

⑤**殊胜**：特出稀罕为殊，超绝妙高为胜。佛家常用此语形容佛事、佛法、佛相等。

⑥**所记**：所记别、授记，即所作预言。

⑦**法欲灭时**：佛家认为诸佛法都有一个渐灭过程，一般分为正、像、末三阶段；（一）是正法阶段，即佛陀刚刚去世，但是法仪犹在，证悟佛法的人仍然不少；（二）是像法阶段，即佛陀去世很久了，佛陀本原的佛法逐渐发生变异讹化，工法变为似法（与工法相似的教法）；（三）是末法阶段，离佛陀去世的年代非常久远，所流传的所谓佛法仅存本原佛法的一分，常人修证证果没有实效。相传释迦牟尼佛的正法阶段为五百年，佛籍中常有"法灭后五百年"之说；像法阶段为一千年；末法阶段为一万年。三阶段一过，佛法即全部灭尽。

⑧**比丘、比丘尼、优婆塞、优婆夷**：比丘（Bhikkhu），二十岁以上的受具足戒的出家男子；比丘尼（Bhikkhuni），

二十岁以上的受具足戒的出家女子；优婆塞（Upāsaka），居家的男信徒；优婆夷（Upāsikā），在家的女信徒。

⑨**实眼**：佛家将人们认识世界和真理的能力，按佛学浅深标准分为五等：(一) 为肉眼，世俗人智慧只能受尘世限制；(二) 为天眼，为色界天众修禅定所得；(三) 为慧眼，修二乘的人能领悟真空无相的义理；(四) 法眼，修大乘的人为普度众生能掌握一切法门；(五) 实眼，能透过一切现象认识把握真如理体。

⑩**法根本**：亦即法本，法性，法性为万法的根本。法性就是佛家所说的真如理体。

译文

胜鬘夫人接着说下去：“世尊！我现在应当秉承您的威德神力，再进一步说说摄受正法所有的‘广大’的含义。”

佛说：“请说吧。”

胜鬘夫人对佛说：“完全循依摄受正法去奉行摄受正法，与摄受正法本身没有什么不同，与奉行摄受正法的人本身修行没有什么不同。奉行摄受正法的善男子、善女人，他们的修习行为本身就是摄受正法。什么缘故呢？

“如果奉行摄受正法的善男子、善女人，为了施行摄受正法，毅然弃舍自己的三个重要部分——三个重要部分是什么？说的是身体、生命、财富。

“在修佛行善的男子、女人中，为奉行摄受正法而舍弃自己身体的人，能超越生死进入涅槃境界，脱离衰老、疾病、死亡，获得不会败坏的、没有生灭变迁的、永恒存在的、具有不可思议的功德，作为绝对真理体存在的如来本身。

“为奉行摄受正法而舍弃自己的生命的人，能超越生死进入涅槃境界，究竟脱离死亡，获得广大无边无际的、没有生灭变迁永恒存在的、不可思议的功德，通晓掌握一切甚深的佛法，没有任何滞碍。

“为奉行摄受正法舍弃财富的人，能超越生死进入涅槃境界，获得一切凡俗众生不可能有的、广大无尽又不会减少的、究竟没有生灭变迁永恒存在的、不可思议的、圆满充足的功德，能得到一切众生特出稀有的、超绝妙好的供养。

“世尊！善男子、善女人，像这样舍弃身体、生命、财富来施行摄受正法，不管什么时候都会被诸佛预言将来成佛，都会被世上一切众生恭敬仰望。

“世尊！再说到善男子、善女人奉行摄受正法。当佛法将要衰灭的时候，那些比丘、比丘尼、优婆塞、优婆夷，为争夺私利、排斥异己结成宗派集团，破坏佛法，分裂教团。善男子、善女人为摄受正法，导引他们不要牺牲正法去迎合巴结不善的人，不要用瞒哄的方式欺骗人的事，不要用虚幻相和伪善待人；要喜爱真正的佛法，以奉行真正的佛法为乐，要信奉摄受正法，从而归入奉行摄受正法弟子教团中。归入奉行摄受正法的佛教弟子教团，一定会被诸佛授记将来成佛。

“世尊！我见到佛传授的摄受正法竟有如此广大的效力。佛真是具有透过一切现象认识真如实相的能力和智慧，佛本身作为万法根本的真如理体而存在，并能通晓把握一切法门，还能知道、见到世上的一切。”

原典

尔时，世尊于胜鬘所说摄受正法大精进力，起随喜[①]心：“如是，胜鬘！如汝所说摄受正法大精进力，如大力士[②]，少触身分，生大苦痛。如是，胜鬘！少摄受正法[③]，令魔苦恼[④]，我不见余一善法令魔忧苦[⑤]，又如牛王[⑥]，形色无比[⑦]，胜一切牛。如是大乘，少摄受正法，胜于一切二乘善根，以广大故。又如须弥山王[⑧]，端严[⑨]殊特，胜于众山[⑩]。如是大乘舍身、命、财，以摄取心摄受正法，胜不舍身、命、财初住大乘[⑪]一切善根，何况二乘，以广大故。

“是故，胜鬘！当以摄受正法开示⑫众生，教化众生，建立众生。如是，胜鬘！摄受正法，如是大利，如是大福，如是大果。胜鬘！我于阿僧祇劫说摄受正法功、德、义、利，不得边际。是故摄受正法，有无量无边功德。”

注释

①**随喜**：见别人做善事，随着产生由衷的喜悦。

②**大力士**：有技击专长力大无穷的人。《胜鬘夫人会》同一内容的文字是这样写的：“如大力士微触末摩，生大苦痛，更增重病。”意即大力士技击手段高超无比，只要触及人的死穴，就使人痛苦万分，更增生重病。佛家武功认为人体有一百二十处重要关节穴位，即末摩(Marman)，意译为死穴、支节、死节等。轻触则极痛苦，重触能致人昏迷以致断命。

③**少摄受正法**：稍微施行摄救教化众生的真正佛法。意即摄受正法效力广大，稍微施行一下就起大效得大功德。

④**令魔苦恼**：使天上魔王苦恼。魔，即他化自在天主。

⑤**不见余一善法令魔忧苦**：没见到能用其他的某一

善法能使魔王产生忧苦心。意即只有“摄受正法”才能对魔王起作用。

⑥**牛王：**牛中最壮大有力的。佛家喜用壮大的狮、象、牛比喻佛、菩萨，这与古印度狮、象、牛多且受到重视有关。

⑦**形色无比：**长得壮伟力大，胜过其他一切牛。形，体形；色，体质，不是指牛的毛颜色。

⑧**须弥山王：**须弥山高过其他的七金山、铁围山，故称为王。

⑨**端严：**也作庄严、严饰。其实端严、严饰都是从庄严派生出来的。端严不能望文生义理解为端庄严肃，它与庄严同义，而庄严也不能理解为严肃庄重。原来庄严本是佛家专语，并非古代汉语所固有。上古汉语中，庄和严不连用，二者原是同义词，可以换用，如汉明帝时，有名叫严助、严光、严遵的，原本姓庄，均因违帝讳改姓为严。后来佛教翻译家将庄字和严字组合成一个复音词来翻译佛经中的某特殊语义。由于庄严一词在佛经中使用频繁，遂影响到世俗汉语，于是世俗汉语又将庄严一词引进来，不过意义演变为严肃庄重，与佛经中的庄严的含义相去甚远。综合佛籍中庄严的种种用法及有关的古注，可将佛家的庄严的含义概括为以圆满充分、尽善尽美的形式将对象（多数是佛、菩萨、净土及与佛

有关的人物）装饰得超绝胜妙。

⑩**胜于众山**：胜过其他的七金山、铁围山。佛籍记载，须弥山纯由金、银、琉璃、玻璃四宝构成，有树林郁茂，芬香万里；居住的都是圣贤、天众及享有福德的神众夜叉，而且都拥有珍宝构成的壮伟辉煌的宫殿；从山下海平面到山顶高有八万四千由旬。

⑪**初住大乘**：佛家将菩萨修得佛道的过程按由低到高分为十个阶段，名为十住，又名十地。十地的划分及命名各经不尽同，按大乘一般分法，初地即为欢喜地，住此地的菩萨，修行满初阿僧祇劫，破除了见惑，证得二空的义理，成就檀波罗蜜，从而初得圣位，生大欢喜。

⑫**开示**：以佛家所具有的真知灼见启迪教化人。开，敞开真知灼见；示，显示真知灼见全部内涵。开示合用作及物动词，意即向人讲明佛的真知灼见以达到启迪教化人的目的。

译文

这时，世尊听了胜鬘夫人说的奉行摄受正法具有大精进力，生起了随喜心，说道："是这样的，胜鬘！如你说的，奉行摄受正法具有大精进力，这力量就像一个善于技击、力大无穷的人，稍微触及一下人的要害部位，就会使人遭受极大的苦痛。是这样的，胜鬘！稍微施行少分摄受正法就能使诸天中的魔王苦恼，我还没有见过其他的某种善法能够使得魔王产生忧愁痛苦的心。又像牛中之王，长得壮伟力大无比，胜过其他所有的牛。是这样的，修习大乘教法的菩萨，稍微奉行摄受正法所具有的善性，就胜过其他一切修习声闻乘、缘觉乘教法的人所具有的善根，这都是由于摄受正法效力广大的缘故。又比如须弥山王，被四种珍宝、群天列仙、树林宫殿装饰，胜妙无比世上稀有，胜过其他一切七金山、铁围山。是这样的舍弃身体、生命、财富的大乘教徒，以怀抱摄救一切众生的心，奉行摄受正法，胜过不舍弃身体、生命、财富，修到大乘教法佛道初阶的人所具有的一切善性；当然是更胜过修习声闻乘、缘觉乘教法的人所具有的善性了，这都是因为摄受正法效力广大的缘故。

“所以，胜鬘！应当将摄受正法开示众生，启迪众生，教化众生，使众生归依佛门，修成正果，获得无量功德。是这样的，胜鬘！摄受正法能导致这样大的利益、这样大的福德、这样大成果。胜鬘！我在无量阿僧祇劫时演说摄受正法的功德、义利，得以广大无边，不再受到有限的制约，所以奉行摄受正法能获得无量无边的功德。”

5　一乘章

原典

一乘章[1]第五

佛告胜鬘："汝今更说一切诸佛所说摄受正法。"

胜鬘白佛："善哉！世尊！唯然[2]受教。"

即白佛言："世尊！摄受正法者，是摩诃衍[3]。何以故？摩诃衍者，出生一切声闻、缘觉，世间、出世间善法。世尊！如阿耨大池[4]，出八大河[5]，如是摩诃衍，出生一切声闻、缘觉，世间、出世间善法。世尊！又如一切种子，皆依于地而得生长，如是一切声闻、缘觉，世间、出世间善法，依于大乘而得增长。是故，世尊！住于大乘摄受大乘，即是住于二乘摄受二乘，一切世间、出世间善法。

“如世尊说六处，何等为六，谓正法住、正法灭[⑥]、波罗提木叉[⑦]、毘尼[⑧]、出家[⑨]受具足[⑩]，为大乘故说此六处。何以故？正法住者，为大乘故说，大乘住者即正法住。正法灭者为大乘故说，大乘灭者即正法灭。波罗提木叉、毘尼，此二法者，义一名异。毘尼者即大乘学，何以故？以依佛出家而受具足，是故说大乘威仪戒，是毘尼，是出家，是受具足。

注释

①一乘章：这一章叙胜鬘夫人在佛的启示下进一步演说三乘归入一乘的义理。此章是《胜鬘经》中最长、也是最繁难的一章。揣其思路可大体分为五层意思：

（一）摄受正法就是大乘，大乘之学，它涵盖或产生二乘及世间、出世间一切善法；并进一层讲述到六处，以说明大乘广摄一切善法的具体义学。

（二）讲到作为二乘最高果位的阿罗汉、辟支佛，不能完全按六处要求修习，只能修得有限功德，因而离真正涅槃还远着，也因而也不能得“不受后有智”，还存在着烦恼不能断。

（三）重点论述了二乘所不能断的烦恼中的无明住地

烦恼，指出只有断了无明住地烦恼才能一切诸法通达无碍，得以不受后有。

（四）讲述了“不受后有智”的两种境界。

（五）论述了三乘归入一乘，阐释一乘道法即佛乘、第一义乘。

②**唯然**：唯唯、唯诺，谦恭地应答。唯，读作ㄨˇㄟ伟。

③**摩诃衍**：摩诃衍那（Mahāyāna）的略说，即大乘或大乘法。Māna 摩诃即大，Yāna 即乘。

④**阿耨大池**：也作阿耨达池、阿那婆达多（Anavatapta）池。池、湖；阿耨达，无热。佛籍说阿耨大湖在南瞻部洲的中心，香山以南，大雪山以北，周围八百里，金、银、琉璃、玻璃装饰着湖岸，岸边金沙弥漫，湖中清波如镜。有八地菩萨化为龙王，住在湖底宫室里，吐出清冷的水，源源供给南瞻部洲。这是古代印度人民对恒河源头的猜测，近代以来不断有人实地探寻，有个叫海丁的瑞典人游历西藏，发现有一个封闭型的淡水湖，名叫玛拉萨罗瓦湖，海丁认为此湖水潜流地中即成为恒河的源头。

⑤**出八大河**：由阿耨大池生出八大河滋润南瞻部洲，实际上是指古印度。佛籍记载大都说是出四大河，（一）是殑伽河，即恒河（Caṅgā），为印度三大河之一，发源

于喜马拉雅山南麓，佛籍中说它从阿耨大池的东面出，入东南海，实为孟加拉湾。(二) 是信度河，也作辛头河 (Sindhu)，即印度河 (Indus)，从阿耨大池的南面出，入西南海，其实为阿拉伯海。(三) 是缚刍河，也作缚叉河 (Vaksu)，从阿耨大池的西面出，入西北海。(四) 是徙多河，也作私陀河 (Śitā)，从阿耨大池的北面出，入东北海，其实为中国的长江之源，注入东海。佛籍中说一河中有黄金，一河中有金刚石，一河中有红宝石，一河中有琉璃，湖中莲花满布。说八河也有现实依据，印度河、恒河上游的支流很多，恒河最著名的支流即朱木拿河 (Vamunā，Jumna)，印度河最著名的支流即五河 (Pañjab)，梵语为旁遮普，居于五河流域的旁遮普省即由此五河而得名。

⑥**正法灭**：正法之灭，以正法灭之，此处的灭不同于前面的“法欲灭”的灭；不能解释为衰灭，应释为灭之法。灭即灭除一切情欲与妄相，脱离生死，涅槃为佛，涅槃 (Nirvāna) 也译作灭。佛教各派都讲灭；此处正法灭是讲的大乘真正的佛法所要求达到的涅槃境界。

⑦**波罗提木叉**：Pratimokṣa 戒律的梵语音之一。戒律的梵音还有尸罗Śila、优婆罗叉 Vpalakṣa、毘尼 Vinaya。指七众防止身口七支等过，远离诸烦恼惑业而得解脱所受持之戒律。戒律即为佛弟子防止邪恶过非心念行为所

制定的禁条律法。佛家又将波罗提木叉意译为别解脱、处处解脱。《胜鬘夫人会》经文即作别解脱。别，不能误会成不要，别是防止的意思，别解脱意即遵守禁令律法防止邪恶过非污染身心，从而达到清净解脱。

⑧**毘尼**：梵语毘奈耶（Vinaya）的略说，虽意也是戒律，但佛家对此梵词习惯译为灭、调伏。因能灭恶行邪念，所以称为灭。因能调和身、口、意的造作趋向善，制伏、除灭恶行恶念，所以称为调伏。

⑨**出家**：梵语为波吠儞野（Araṇyaka），意即离开家室亲人，接受一定教法戒律修习一定教道。在古印度，出家并非仅就佛教而言，凡须修行的各种外道也有出家的要求。出家并非都是指入寺为僧，菩萨居士心出家也叫出家。不过《胜鬘经》此处的出家，则是强调身、心都出家，即出家做比丘、比丘尼。

⑩**受具足**：也作受具、受具足戒。受戒即接受或遵守教法所拟订的禁条。佛教戒有四级，即五戒、八戒、十戒、具足戒。十戒、具足戒为出家戒。具足戒，即凡是有违佛法的行为和心念都要戒防除灭，具足即圆满充足，是不可确数的。佛家为了使具足给人以强烈印象，也以数来说明，称僧的戒条略说二百五十，广说八万，其实无量；尼的戒条略说五百，实为三百四十八，广说八百，其实为无量。不过，为了使具足戒切实可行，还

是以列举具体戒条的时候多，其分类如下表：

众别 项数 戒目	比丘	比丘尼
波罗夷（无余）Pārājika	四	八
波罗提提舍尼（向彼悔） Pratideśanīya	四	八
不定	二	
波逸提（堕罪） Pāyattika	九十	一七八
僧伽波尸沙（僧残） Saṁghāvaśeṣa	十三	十七
尼萨耆波逸提（舍堕） Naiḥsargika-brāyaścittika	三十	三十
突吉罗（众学） Duṣkṛta	一百	一百
灭诤	七	七

译文

佛对胜鬘夫人说："你现在再进一步演说所有的佛都讲授的摄受正法。"

胜鬘夫人对佛说："好啊！世尊！那我就讲，请您指教。"

胜鬘夫人随即对佛讲了起来："世尊！摄受正法，就是大乘教法。什么缘故？大乘教法，生出一切声闻乘、缘觉乘，生出一切世间的与超脱世间涅槃成佛的善法。世尊！就像那雪山上的无热湖，分出八条大河，如此大乘教法，产生出一切声闻乘、缘觉乘、世间的与超脱世间而涅槃成佛的善法。世尊！又像一切植物种子，都只有依赖土地才能生长，如此一切声闻乘、缘觉乘、世间的与超脱世间而涅槃成佛的善法，都只有依赖大乘教法才能增长。所以，世尊！坚定地安住、信仰和奉行大乘教，施行摄救教化众生的大乘法门，也就是坚定地安住、信仰和奉行声闻乘教、缘觉乘教，施行摄救教化人的声闻乘和缘觉乘的、一切世间的与超脱世间而涅槃成佛的善法。

"比如世尊说到的六处，什么是六处？说的是正法住世（佛法住世）；正法衰灭；受持比丘比丘尼戒，身、口、意的恶业，即得别别解脱；如法修学戒律，对于身口七支的恶业，就能降伏而灭除，离开家室亲人，专门修习佛道、接受一切防止违悖佛道行为心念的戒法。您是为了阐扬大乘教法才讲述这六处的。为什么这样说呢？安住真正的佛法，是为阐明大乘教法才说它的，因为安住大乘教就是安住真正的佛法。依真正的佛法涅槃，也是为阐明大乘教法才说它的；依大乘教法涅槃，也就是依真正的佛法涅槃。防止邪恶过非以至处处解脱、调和身、口、意造作趋善和制伏邪恶过非，这两种法门，义理是同一的，只是名称不同，调和身、口、意造作趋善和制伏邪恶过非，也就是修习大乘教法。什么缘故呢？因为归依佛门学大乘教，得离开家室亲人修习佛道，接受一切防止违悖佛道行为心念的戒法，所以要讲明大乘教的维护仪态威德的种种戒法。大乘的这些戒法，也就是能降伏而灭除身口七支的恶业，也就是离开家室亲人修习佛道，也就是接受一切防止违悖佛道行为心念的戒法。

原典

“是故，阿罗汉[①]无别出家受具足。何以故？阿罗汉依如来出家受具足故，阿罗汉归依于佛，阿罗汉有恐怖。

何以故？阿罗汉于一切无行，怖畏想住[2]，如人执剑欲来害己。

“是故，阿罗汉无究竟乐。何以故？世尊！依不求依，如众生无依。彼彼[3]恐怖，以恐怖故，则求归依。如是阿罗汉有怖畏，以怖畏故，依于如来。世尊！阿罗汉、辟支佛[4]有怖畏，是故阿罗汉、辟支佛有余生法[5]不尽，故有生[6]；有余梵行[7]不成，故不纯；事不究竟故，当有所作；不度彼故，当有所断；以不断故，去涅槃界远。

“何以故？惟有如来应[8]、等正觉[9]、般涅槃[10]，成就一切功德故；阿罗汉、辟支佛不成就一切功德，言得涅槃者，是佛方便[11]。惟有如来得般涅槃，成就无量功德故；阿罗汉、辟支佛成就有量功德，言得涅槃者，是佛方便。惟有如来得般涅槃，成就不可思议功德故；阿罗汉、辟支佛成就思议[12]功德，言得涅槃，是佛方便。惟有如来得般涅槃，一切所应断过[13]，皆悉断灭，成就第一清净[14]故；阿罗汉、辟支佛有余过，非第一清净，言得涅槃者，是佛方便。惟有如来得般涅槃，为一切众生之所瞻仰，出过阿罗汉、辟支佛、菩萨境界[15]，是故阿罗汉、辟支佛去涅槃界远。

“言阿罗汉、辟支佛观察[16]解脱[17]四智[18]、究竟得苏息处[19]者，亦是如来方便，有余不了义说[20]。何以故？有二种死。何等为二？谓分段死[21]、不思议变易死[22]。分段死者，谓虚伪众生。不思议变易死者，谓阿罗汉、辟支佛、大力菩萨意生身[23]，乃至究竟无上菩提。二种死中，以分段死故，说阿罗汉、辟支佛智‘我生已尽’[24]；得有余果证故，说‘梵行已立’[25]；凡夫人天所不能办，七种学人[26]先所未作[27]，虚伪烦恼[28]断故，说‘所作已办’[29]。

“阿罗汉、辟支佛所断烦恼，更不能受后有故，说‘不受后有’[30]。非尽一切烦恼[31]，亦非尽一切受生故，说‘不受后有’。何以故？有烦恼，是阿罗汉、辟支佛所不能断。烦恼有二种，何等为二？谓住地烦恼[32]及起烦恼。住地有四种[33]，何等为四？谓见一处住地[34]、欲爱住地[35]、色爱住地[36]、有爱住地[37]。此四种住地，生一切起烦恼。起者，刹那心刹那相应。

注释

①**阿罗汉**：Arhān，Arhat，意译为不生，梵音啊（A）有不义，罗汉（rhat）为生义。不生意即不再受生死果报，永入涅槃。又意译为杀贼，意即杀却烦恼贼。又意译为应供，即应受人天供养。阿罗汉属于小乘的最高果位，更具体地说是声闻乘所达到的最高果位。小乘尊崇释迦佛陀，认为佛陀的境界是不可能达到的，作为他的声闻弟子只能修到阿罗汉境地。

②阿罗汉于一切无行，怖畏想住：《胜鬘夫人会》此处作“阿罗汉于一切行，住怖畏想”，两种译文看似截然相反，其实是意趣不同而已，义旨却基本一致。

阿罗汉于一切行，住怖畏想，意思是阿罗汉对于自己的一切身、口、意的造作，都存有很深的恐怖心念。行，身、口、意的造作；住，此处作执着。

“阿罗汉于一切无行，怖畏想住”，这里经义是强调阿罗汉行也恐怖，到无行也恐怖，所以才有后文“阿罗汉不证出离究竟安乐”。

③彼彼：那个那个，引申义为哪个哪个。各式各样的恐怖：如恶名畏、大众畏等。

④辟支佛：梵语辟支迦佛陀（Pratyekabuddha）的略说，意译为缘觉、独觉。辟支佛又可以看作缘觉乘的最高果位。

⑤有余生法：与毕竟不生法相对。本来阿罗汉又名为不生，小乘是强调自己修习的为毕竟不生的，不承认自己存在有余不生法。有余不生法是大乘对小乘的说法。

⑥有生：有生死果报，未超出三界六道。

⑦有余梵行：梵，梵语梵览磨（Brahmā）的略说，意即清净，也作离欲。梵行，清净无欲行。

⑧应：应供的略语。

⑨等正觉：正遍知的另一表述语，意即遍（等）正

觉知一切法。

⑩**般涅槃**：Parinirvāṇa，称为涅槃（Nirvāṇa），意译为入灭、寂灭、灭度、不生、无为、安乐、解脱等，佛教所追求的超脱生死的最高理想境界。

⑪**佛方便**：又作佛善巧。方便梵语为伛和（Upāya），又意译为善巧。佛籍方便的解释极多，各派释义有别，语境不同用法也异。大乘有三种解释符合此处方便的文义，是认为系小乘通向大乘的门径，称为方便教；是认为系三乘通向一乘的门径，也称为方便教；是认为方便不过是为教化人所暂时采用的随应性方法，方法不过是假借身、口、意而已，其实是不真实的。因此，此处经文“佛方便”，本意是说阿罗汉所谓的涅槃，还不能算是究竟成佛涅槃，只不过是佛为了教化他们所权且使用的方法。

⑫**思议**：佛家认为达到佛的最高境地，则是无上无等等的，超出未成佛的人可思虑论议的范畴，称为不可思议；而虽然在修佛法，然而尚未达到成佛的最高境界，就不是无上无等等，因而仍属于可思议的范畴。

⑬**过**：超离。

⑭**第一清净**：究竟涅槃成佛。清净即梵行、涅槃；第一，是佛家专用于肯定最高佛境界范畴的词，相当于至高、无上、无等等。

⑮**出过阿罗汉、辟支佛、菩萨境界**：此处宣谕的是三乘归入一乘（即佛乘）的义理。

⑯**观察**：佛家所说的观察不是指对实际发生着的客观现象进行仔细地察看了解，而是意指在内心视像里观视佛相、佛境的庄严，在心念里理解领悟佛法理体。所以观察又作观念、观想。

⑰**解脱**：梵语（Mokṣa）。解，断离尘世欲念惑见烦恼的束缚；脱，得以自在无碍。

⑱**四智**：有好几种义，此处四智属于小乘范畴。声闻乘要证得最高的阿罗汉，须有悟得四谛的智慧。四智圆满才能获得阿罗汉果，说："我生已尽"（已领悟到苦谛）、"梵行已立"（领悟到灭谛）、"所作已办"（领悟到道谛）、"不受后有"（领悟到集谛）。

⑲**苏息处**：即善息处。苏，梵语Su，意即善。苏息处是小乘所说的灰身灭智永远清寂的涅槃境界，大乘不同意灰身灭智自身解脱的教旨。

⑳**不了义说**：大乘佛徒常将佛法义划分为了义和不了义，了义即分明显了究竟真实的佛法理义，不了义即未能显了究竟真实的佛法理义。以具体的义理为例，宣说厌背生死、欣乐涅槃的义理，属于不了义；宣说生死、涅槃二无差别的义理，属于了义。了义又作为真实的异名，不了义又作为方便的异名。大乘常说小乘为不了义，

不过方便而已。所谓了，即完全到底的意思。

㉑**分段死**：也作分段生死。二种生死之一。指三界众生之生死。分段，指由于果报之异而有形貌、寿量等之区别。盖三界众生所感生死之果报各有类别、形貌、寿量等之限度与差异，故称分段生死。

㉒**不思议变易死**：各家说法不同，依据《大乘义章》卷八所释，说："微细（佛家说有一种精神性的微细存在于一切物处，形同虚空，只有佛眼能见，肉眼见不到，其实微细类似通常所说的灵魂）生灭无常（实为变化无常），念念迁变（在极短的时间里都会发生变化。念念，即刹那刹那）。前变后易，名为变易。变易是死（发生了变更，就相当于死），名变易死。"

㉓**意生身**：又作意成身，初地以上的菩萨，为了济度众生，能随意受生而获得形身，即随意变化得身。

㉔**说阿罗汉、辟支佛智"我生已尽"**：此处说，指佛为二乘讲述方便，即不了义。"我生已尽"，意指小乘修行人领悟到苦谛的义理。苦、集、灭、道四圣谛是释迦牟尼初转法轮（最初传道）的重要内容的一部分。其中的苦谛主要是讲人生皆苦，诸如生苦、老苦、病苦、死苦、怨憎会苦、爱别离苦、求不得苦、五取蕴苦等，佛家认为只有透彻到人生皆苦的道理，才能具有意识到"我生已尽"的智慧。

㉕**梵行已立：**是佛为二乘讲说的领悟到灭谛的智慧，所以又作“梵行已立智”。所谓灭谛主要是讲通过断绝尘世污垢烦恼，实现解脱生死果报的苦痛，通达清净涅槃理想境界。小乘的涅槃充其量只能“灰身灭智”，在利他人上比较消极。后来大乘强调利他，提出“无住涅槃”或“究竟涅槃”的义理，认为这是从根本上体现了释迦的佛法精神，《胜鬘经》就是本着这个精神强调三乘入一乘的。

㉖**七种学人：**学，即有学，指虽已觉四谛之理，但因未断烦恼，故仍须学习戒、定、慧三学者。在四向四果中，除最后之阿罗汉果外，其余四向三果等七者皆为有学，故称七种学人。

㉗**作：**在办中，此处特指对道谛的领悟实践。

㉘**虚伪烦恼：**即指见所断惑八十八及修所断惑十。

㉙**所作已办：**又作“所作已办智”。道谛即灭苦的具体方法、门径和修习灭苦的具体进程。随着佛教的发展完善，道谛的内容也是逐渐系统细密的。最初为八正道，即正见、正思维、正语、正业、正命、正精进、正念、正定，次繁衍成三十七道品，将八正道涵纳其中；后又归纳为六度，即布施、持戒、忍辱、精进、禅定、智慧。无论八正道、三十七道品还是六度，又都有戒、定、慧三学的划分，见下表：

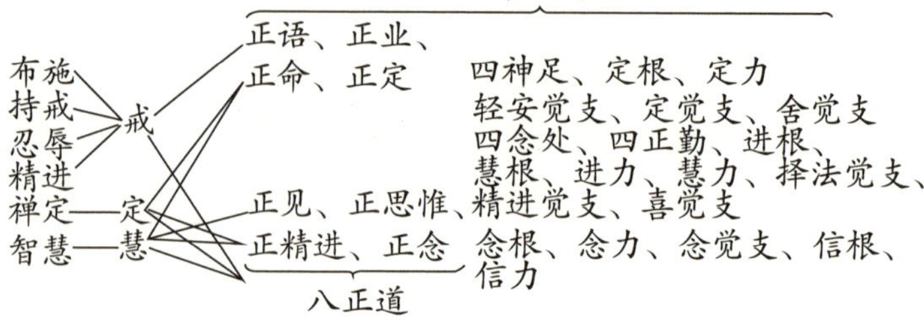

“所作已办”，意为道谛要求一一领悟的道品都已经领悟，即所要做的都已办到。

㉚不受后有：是佛为二乘讲说的领悟到集谛的智慧，所以又作“不受后有智”。集谛，讲造成人生一切皆苦的原因是什么。佛家认为人生宇宙存在着惑、业、苦三连锁及十二因缘流转，三连锁摄着十二因缘。

先说十二因缘，所谓因即造成后世结果的前世所作，这也就是业报因果律；所谓缘，即十二因缘的任何一支都必须以他支为形成或存在条件。

（一）无明：十二因缘起始因，意即前世愚痴无智，不明佛法，生贪、嗔、痴惑诸烦恼，从而导致前世的行。

（二）行：前生造作的善恶诸身、口、意活动，由此形成的业力（意志力），造成投胎时的妄念（带着对虚妄不实相的迷惑和执念去投生）。

（三）识：投胎时的妄念，带此妄念投向与此妄念相应的母胎去处，作为现世的果报。

（四）名色：投胎后现世胎儿的身心，名，精神；色，肉身。胎儿身心逐渐育发出各种器官。

（五）六处：胎儿生长，渐长成眼、耳、鼻、舌、身、意等感觉器官，出生后的婴儿就依靠此六根感受外物。

（六）触：出生后的现世幼儿，运用自己六根与外六境（色、声、香、味、触、法）相对接触，产生感知。有感知就会产生情感。

（七）受：受即在感知基础上产生的情感心境，随年龄增长，心境明分为苦、乐、不苦不乐。

（八）爱：人至青年，由苦乐体验而生出厌苦悦乐情意，形成贪染财、色、名、食、睡等欲念。

（九）取：成年后欲念转炽，对所贪的诸外境产生追求执取的心。有执取心必现于外付诸造作。

（十）有：即造作，今生的所作所为必然导致感受来世生死果报。

（十一）生：来世的生，由现世的善恶行为导致来世色、受、想、行、识五蕴身。

（十二）老死：有五蕴假各身的出生，必有衰老而至死灭。

三世因果惑业苦连锁十二因缘关系可显示如下表：

所谓“不受后有”，即修习小乘教法，领悟三世因果惑业苦连锁十二因缘的义理，断惑禁业灭诸烦恼，从而超脱十二因缘的流转，不再受后有，亦即不再受未来世生死的果报。

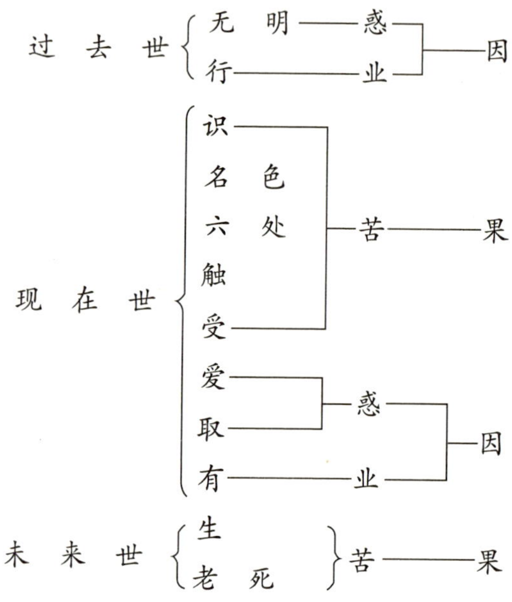

㉛**非尽一切烦恼**：阿罗汉、辟支佛毕竟不能断尽一切烦恼。这是大乘对小乘的看法。

㉜**住地烦恼**：也作根本烦恼，能产生其他种种随起烦恼。随起烦恼所依为住，根本烦恼能生起种种即时烦恼为地。

㉝**住地有四种**：住地烦恼有四种。住地即住地烦恼

的简说。住地有四种和五种两说。四种，指生起烦恼的四种根本烦恼，即见一处住地、欲爱住地、色爱住地、有爱住地。五种，指无论起烦恼还是根本烦恼都生于作为一切烦恼之根本的无明住地，四种加一无明住地即为五。

㉞**见一处住地：**又作见一切住地。佛家将三界内的一切烦恼（惑）大分为两大类，即见惑和思惑，简称为见思。各宗派对见惑和思惑的定义及品数设定划分并不一致。下面介绍的是通常说法：

见惑——见，推度，即抽象的逻辑推导和理解；见惑，又作理惑。见惑，意即不能通达真如理体的错误见解，或作妄见。要照见佛法真理，必须断绝见惑，断见惑称为见道。见惑一般分为八十八使，欲界三十二使、色界二十八使、无色界二十八使。其中欲界苦谛十使的内容最为关键。十使又分为五钝使，即贪、嗔、痴、慢、疑。五利使，即（一）身见：又称我所见，妄以为自身是真实常住的，妄以为身边诸物是属于自己的，（二）边见：或固执地认定死后一切断绝，或固执地认定死后常住不灭，偏颇地执定一边。（三）邪见：妄以为世上本无所谓因果报应，持恶不足恐、善不足好的谬论。（四）见取：将各种邪门歪道误为出世无上妙法。（五）戒取：误信各种邪门歪道后，按它们的戒禁修种种行法，妄以为这样可以升天涅槃得无上道。

思惑——迷恋世间色声等现实事物而产生恋念思虑的妄情妄想，故思惑又称为事惑。要超脱生死，必须断绝思惑，断思惑称为修道。思惑一般分为八十一品，即欲界五趣杂居地九品，色界离生喜乐地、定生喜乐地、离喜妙乐地、舍念清净地各九品，无色界空无边处地、识无边处地、无所有处地、非想非非想处地各具九品。佛家还认为，断惑有次第，先习见道断见惑，后习修道断思惑，二惑断尽为无学道。

㉟**欲爱住地**：欲界中除见惑、无明惑以外的一切烦恼，即欲界一切思惑。由于贪爱的过咎最污浊、严重，所以举爱来概括其他一切烦恼。

㊱**色爱住地**：色界中除见惑、无明惑以外的一切烦恼，即色界一切思惑。由于贪爱的过咎最污浊、严重，所以举爱来概括其他一切烦恼。

㊲**有爱住地**：无色界中除见惑、无明惑以外的一切烦恼，即无色界一切思惑。由于贪爱的过咎最污浊、严重，所以举爱来概括其他一切烦恼。从欲界的贪爱到无色界的贪爱，逐渐递减，但并非断绝，仍然存在着贪爱，也因之仍然存在着生死果报，所以称之为有爱，而非无爱。

译文

“所以，阿罗汉，没有别异的出家与受具足戒。为什么是这样的呢？因为诸阿罗汉是依如来出家、依如来受具足戒的。阿罗汉归依佛门，阿罗汉还怀有微细的恐怖心，为什么呢？因为阿罗汉虽说已了生死，于涅槃中住，但还有变易生死，不能通达生死涅槃的平等性，所以仍然深怀恐怖心念，好像担心有人提着利剑时时刻刻要杀害自己。

“所以，即使修到阿罗汉也不能获得彻底觉悟、涅槃作佛、法身无上、功德无量的无比悦乐，什么缘故？世尊！自己已得究竟自在，不须再别求归依，就像世间的众生无依无怙，有种种不同的恐怖，因为有种种的恐怖，所以别求归依。如此阿罗汉怀有恐怖心，所以归依如来。世尊！阿罗汉、辟支佛怀有恐怖心，故知阿罗汉、辟支佛还有有余变易生死的法不尽，所以还有生；他们没有成就最高果位的涅槃清净，所以修的清净行不纯净，杂有情欲污垢；他们所修佛事没有达到最高境界，应当修习精进不懈；他们还没有完全度到涅槃彼岸成佛，当有烦恼须断，正是因为有烦恼没有断绝，所以他们离无上的涅槃成佛境界还远着。

“为什么是这样的呢？因为只有如来才能受到一切众生的供养，才能真正觉知一切法，才能证得超脱生死的最高理想境界，成就一切功德；阿罗汉、辟支佛不能成就一切功德，说他们获得了入灭超脱，那是佛为了引导他们达到脱离生死的最高理想境界所采用的巧妙方法。因为只有如来才能证得超脱生死的最高理想境界，成就无量的功德；阿罗汉、辟支佛成就的只是有限量的功德，说他们获得了入灭超脱，那是佛为了引导他们达到脱离生死的最高理想境界所采用的巧妙方法。因为只有如来才能证得超脱生死的最高理想境界，成就不可思议的功德；阿罗汉、辟支佛成就的只是可以思议的功德，说他们获得了入灭超脱，那是佛为了引导他们达到脱离生死的最高理想境界所采用的巧妙方法。因为只有如来才能证得超脱生死的最高理想境界，把一切应该断灭的烦恼，全都断灭了，成就清净行的最高果位即究竟超脱；阿罗汉、辟支佛没有断尽一切应该断尽的烦恼，没有成就清净行的最高果位究竟超脱，说他们获得了入灭超脱，那是佛为了引导他们达到超脱生死的最高理想境界所采用的巧妙方法。因为只有如来才能证得超脱生死的最高理想境界，被一切众生恭敬地仰望，超出阿罗汉、辟支佛、菩萨修行所能达到的境界，所以阿罗汉、辟支佛离无上的涅槃成佛境界还远着。

“说阿罗汉、辟支佛在内心里领悟到断绝烦恼超脱生死的四种智慧，到底达到灰身灭智、永远清寂的涅槃境界，也是如来为了引导他们达到超脱生死的最高理想境界所采用的巧妙方法，是佛为随顺阿罗汉、辟支佛所讲的，尚未显示真实究竟的佛法理义。什么缘故？这要说到有二种死。哪二种死呢？说的是分段生死、不思议变易生死。分段生死，说的是处在虚妄不实的三界六道中轮回的众生，按各自的形体段别、寿命限数生生死死。不思议变易生死，说的是阿罗汉、辟支佛、大力菩萨为了济度众生，随意受生而获得形身，以至究竟获得彻底觉悟。在这二种死中，以分段生死，说阿罗汉、辟支佛‘我已脱尽生死果报的智慧’；因为阿罗汉、辟支佛只领悟契合小乘修行的果位，尚未达到究竟果位，仍受着生死果报，所以说‘清净涅槃行已建立的智慧’；凡夫与人天是不能办到的，七种修学佛道的僧伽也还未作到，因为阿罗汉、辟支佛因断尽虚伪烦恼，所以说他们‘所作已办’。

“阿罗汉、辟支佛所断绝的烦恼，更不能受作为未来果报的后世身心，所以佛说他们‘不再受有未来果报身’。因为阿罗汉、辟支佛毕竟还未断尽一切烦恼，也还没有断尽未来生死果报，所以佛说他们‘不再受有未来果报身’。什么缘故呢？因为有些烦恼，是阿罗汉、辟支佛断绝不了的。烦恼有二种，哪二种烦恼？指的是根本烦恼和随起的具体烦恼。根本烦恼有四种，哪四种？说的是三界的一切见惑（即不能通达真如理体的错误见解），欲界的一切思惑（即迷恋世间色、声等事物所产生的恋念思虑的妄情妄想），色界的一切思惑，无色界的一切思惑。这四种根本烦恼，能产生一切随起的具体表现的烦恼。起的意思是，在极短时间内闪过的妄心都能使一定的具体烦恼相应生起。

原典

“世尊！心不相应无始无明①住地。

“世尊！此四住地力，一切上烦恼②依种，比无明住地，算数譬喻所不能及。世尊！如是无明住地力，于有爱数四住地，无明住地其力最大。譬如恶魔波旬③，于他化自在天，色、力、寿命、眷属④众具，自在殊胜，如是无明住地力，于有爱数四住地，其力最胜，恒沙等数上烦恼依，亦令四种烦恼久住，阿罗汉、辟支佛智所不能断，惟如来菩提智之所能断。如是，世尊！无明住地最为大力。

“世尊！又如取缘，有⑤漏⑥业因，而生三有，如是无明住地缘，无漏业因⑦，生阿罗汉、辟支佛、大力菩萨三种意生身[8]。此三地，彼三种意生身生及无漏业生，依无明住地；有缘非有缘[9]，是故三种意生身及无漏业，缘无明住地[10]。世尊！如是有爱住地数四住地，不与无明住地业同，无明住地异离四住地，佛地所断，佛菩提智所断。何以故？阿罗汉、辟支佛断四种住地，无漏不尽，不得自在力，亦不作证[11]，无漏不尽者，即是无明住地。

“世尊！阿罗汉、辟支佛、最后身菩萨[12]，为无明住地之所覆障故，于彼彼法不知不觉[13]，以不知、见[14]故，所应断者，不断、不究竟。以不断故，名有余过解脱[15]，非离一切过解脱[16]；名有余清净，非一切清净；名成就有余功德，非一切功德，以成就有余解脱、有余清净、有余功德故，知有余苦[17]，断有余集，证有余灭，修有余道，是名得少分涅槃。得少分涅槃者，名向涅槃界。若知一切苦，断一切集，证一切灭，修一切道，于无常坏[18]世间，无常病[19]世间，得常住涅槃；于无覆护世间，无依世间，为护为依。

“何以故？法无优劣故得涅槃，智慧等故得涅槃，解脱等故得涅槃，清净等故得涅槃。是故涅槃一味等味[20]，谓解脱味。

注释

①**无始无明：**佛家认为无明是惑之根本，本性存在，

在无明惑之先不再有惑，所以无始无明又称为根本无明。一切众生本性无明，所以众生也称为无始。因为众生本有无始无明烦恼（住地），所以不存在与心相应的问题。

无明，梵语为阿尾儞（Avidyā），心识本性暗钝，不能理解领悟一切佛法。无始，没有起始。

②**上烦恼**：即起烦恼，随起或现起的烦恼。

③**波旬**：梵语波卑面、波鞞（Pāpiyas，Pāpiman）的讹转，恶魔的名称，意为恶者或杀者。

④**眷属**：佛家说诸天中有魔，他化自在天王为魔王，他常率众魔下人道（人世间）阻挠佛的教化。魔王随从即其眷属。

⑤**有**：有生死果报，即死后还存在受生。

⑥**漏**：留住的意思，即超不出三界，仍留在六道中轮回。

⑦**无漏业因**：与有漏业因相对，特指修行人修习戒、定、慧证悟涅槃果，即四谛中的道谛。

⑧**生阿罗汉、辟支佛、大力菩萨三种意生身**：因为无漏业才产生此三种能变化随意身的果。

⑨**有缘非有缘**：此处指无漏业与三种意生身，都是有缘而生起的，并非无缘的。

⑩**缘无明住地**：与根本的无明烦恼存在趋向性联系。

⑪**证**：特用于通达契合真如。

⑫**最后身菩萨**：又作最末后身、最后生、最后有、后身菩萨，意指有人已生于欲界，即以此身修行成道，此身就成为这人的最后有的身，不再受生。这种概念都是建立在神识不灭、六道轮回的义理基础上的。

⑬**于彼彼法不知不觉**：彼彼法，指无明住地。全句指二乘及“最后菩萨身”，直到成佛的前一刹那，都是为“无明住地”所覆障。由无明住地，蒙蔽真实，无法彻见一切法的如实性相，故说：“于彼彼法不知不觉。”

⑭**不知、见**：即不知不见，不理解，不审度抉择。见，梵名捺喇舍曩（Darsana），思虑审度抉择正邪。

⑮**有余过解脱**：应读作：有余过——解脱。有余过，即修超脱生死法不彻底仍留在三界受今生身果报（最后身）。过，超出生死。

⑯**离一切过解脱**：修彻底超脱生死法，断离一切烦恼，达到脱离尘世羁累，超出生死果报自在无碍。

⑰**知有余苦**：理解领悟苦谛不深透，不能证究竟涅槃，仍受今生身果报。此句应读作：知——有余苦。“有余苦”是偏正词组，不是主谓词组，下面三句的句法仿此。

⑱**坏**：此处指死，即分段生死。

⑲**病**：此处指渐变，即变异生死。

⑳**涅槃一味等味**：又作涅槃等一味。意即涅槃境界

所具有的体性是纯一无异的。味，体性、德行等一味，平等无差别、纯正一味的体性。

译文

“世尊！与心不相应的，是为无始无明住地。

“世尊！这四种根本烦恼力，虽然是一切现起的烦恼所赖以产生的种地，但与无明烦恼相比，无论计数还是譬喻都表明比不上，世尊！如此无明烦恼力，与包含着贪爱的四种根本烦恼相比，无明烦恼的力量最大。就像诸天中的魔王‘杀者’，在他化自在天中，他的色身、法力、寿命、随从，全都具备，神通力自在特殊胜妙，如此无明烦恼的力量，与包含着贪爱的四种根本烦恼相比，它的力量最强大，是恒河沙那样多的现起烦恼赖以产生的处所，它也使一处住地、欲爱住地、色爱住地、有爱住地等四种烦恼恒久不退。它是阿罗汉、辟支佛的智慧所不能断绝的，只有如来无上觉悟的智慧才能断绝它。如此，世尊！无明烦恼的力量确实是最大的。

“世尊！又如取着为缘，招致生死果报的身、口、意造作为因，并由此因缘导致三界中的生死果报，如此无明烦恼为缘，证悟涅槃果的修行为因，并由此因缘产生阿罗汉、辟支佛、大力菩萨的随意变化身的变易生死。

这三种境界中他们三种随意变化身的现起产生，和他们修习证悟涅槃的产生，都是凭依无明烦恼而生起来的；无漏业与三种意生身，都是有缘而生起的，并不是无缘，所以，他们的三种随意变化身和对证悟涅槃的修习，都只是与无明烦恼存在着因缘关系。世尊！如此包含着贪爱的四种根本烦恼所导致的行为，与无明烦恼导致的行为是不相同的。根本的无明烦恼不仅与四种根本烦恼不同，而且与四种根本烦恼脱离的，只有修行证得佛的境界才能断绝，只有凭借佛的彻底觉悟的无上智慧才能断绝，什么缘故呢？阿罗汉、辟支佛虽然断绝了四种根本烦恼，但是根本无明烦恼未断，未得究竟，所以不得自在力，也没有能达到领悟契合绝对真理的真如境界。断尽了导致六道生死轮回的烦恼，剩下的就是根本的无明烦恼。

“世尊！阿罗汉、辟支佛不再受生死轮回的最后身的菩萨，由于受无明烦恼的遮蔽不能证得最高理想的无上涅槃境界，对那些能断绝无明烦恼佛智诸法不能理解，不能领悟。正是因为对佛智诸法不能理解、不能审度抉择，所以对应该断绝的无明烦恼，不能断绝，不能断尽。因为没有断绝无明烦恼，还只能说得上是有今生身果报的解脱，并非是断绝一切烦恼的彻底解脱；只能说得上是有今生身果报的清净涅槃行，并非是圆满彻底的清净涅槃行；只能说得上是获得了有限的功德，并非是一切功德。由于只是获得了有今生身果报的解脱、有今生身果报的清净涅槃行、有限的功德，由于领悟苦谛不彻底、断离因缘果报不彻底、契合灭谛不彻底、修习道品不圆满，所以他们得到的所谓涅槃，只能是未彻底的无上涅槃。获得非彻底无上涅槃，只能称得上是趋向最高理想的成佛涅槃。如果彻底领悟苦谛、彻底断离因缘果报、彻底契合灭谛、圆满修习道品，他们就能在这迁流变化的分段生死世间，在这迁流变化的变异生死世间，永远地安处最高理想的无上涅槃境界；他们就能在这无荫覆无保护的世间，无依止的世间，而得到保护、得到依怙。

“什么缘故？因为契合了真正的最高佛法，法不会再有优劣的区别，所以能获得最高理想的无上涅槃；因为智慧达到遍知一切的境界，所以能获得最高理想的无上涅槃；因为彻底解脱了，所以能获得最高理想的无上涅槃；因为修满了一切清净善行，所以能获得最高理想的无上涅槃。所以，无上的涅槃境界所具有的体性是纯一无异的，这体性就叫解脱，即脱离尘世羁累，作佛自在无碍。

原典

“世尊！若无明住地不断、不究竟者，不得一味等味、谓明解脱味。何以故？无明住地不断、不究竟者，过恒沙等所应断法①不断、不究竟。过恒沙等所应断法不断故，过恒沙等法应得不得②，应证不证。

“是故，无明住地积聚③，生一切修道断烦恼上烦恼④。依生心上烦恼⑤、止上烦恼⑥、观上烦恼⑦、禅上烦恼⑧、正受上烦恼⑨、方便上烦恼、智上烦恼、果上烦恼、得上烦恼、力上烦恼、无畏上烦恼。如是过恒沙等上烦恼，如来菩提智所断。一切皆依无明住地之所建立，一切上烦恼起皆因无明住地，缘无明住地。世尊！于此起烦恼，刹那心刹那相应。

“世尊！心不相应无始无明住地。

“世尊！若复过于恒沙如来菩提所应断法，一切皆是无明住地所持、所建立。譬如一切种子，皆依地生、建立、增长，若地坏者，彼亦随坏。如是过恒沙等如来菩提智所应断法，一切皆依无明住地生、建立、增长。若无明住地断者，过恒沙等如来菩提智所应断法皆亦随断，如是一切烦恼、上烦恼断，过恒沙等如来所得一切诸法，通达无碍，一切智见。离一切过恶，得一切功德，法王法主而得自在，登一切法自在之地。如来、应、等正觉正狮子吼：

“我生已尽，梵行已立，所作已办，不受后有。是故，世尊以狮子吼，依于了义一向记说。

注释

①**过恒沙等所应断法**：比恒河沙数还要多应该断绝的烦恼。此处的过，意为超过。法，此处作烦恼的种种现象解，后文中列举的种种上烦恼就是所应断法之所指。

②**过恒沙等法应得不得**：比恒河沙数还多的佛法，应该获得的却得不到。法，此处用作佛法、正法，不同于上句中的法。

③**无明住地积聚**：无明烦恼通过心（精神形态）聚集固着其他的一切烦恼。积聚，佛家一般指人的精神世界具有聚集、积累并晶凝的功能。

④**生一切修道断烦恼上烦恼**：意即修道本来是为断绝烦恼，然而在修道过程又产生阻碍修道的烦恼。上烦恼，用在此处意指沾上诸佛法随起的烦恼。

⑤**心上烦恼**：阻碍思虑觉知佛理的烦恼。心，梵语质多（Citta），指人的思虑意识、领悟觉知的精神功能。佛家对心理、精神诸现象都有极精微的分析，其中心意识本体论与俗家的心理学、精神现象学有明显区别，不可一概而论。

⑥**止上烦恼**：对佛法真理定心专注过程中产生的干扰性烦恼。止，定的异名，梵语作奢摩他（Samātha），

也作三摩地（Samādhi），心定一处，专注不移，佛家特指将被欲念骚动的心止息下来，专注佛法真理。

⑦**观上烦恼：**阻碍智慧观照契合真如理体的烦恼。观，梵语为毘婆舍那（Vipaśyanā，Vidarśanā），智慧别名，意即以智慧观照契合真理。

又止与观常组合用，并作为修习佛法的重要方式或法门，梵语也作奢摩他，也作毘婆舍那。修习止观过程中，止在前，静心伏烦恼；观在后，运智断烦恼，最终证真如。

⑧**禅上烦恼：**阻碍思维修习佛理的烦恼。禅，又作禅定、禅那（Dhyāna），也有作三昧、奢摩他的，意即静虑、思维修，静定下来思维审虑，达到对佛法义理解悟。禅的概念与止、观的概念有相似处又有区别，止只意指心专注，而禅则是思维时的专注；观泛指观达，而禅则是指通过思维抵达。可见止、观的外延比禅大，禅的内涵比止、观丰。

⑨**正受上烦恼：**在专心领受佛法过程中起阻碍作用的烦恼。正受，梵语为三昧（Samaya），为禅定的别名。专注不邪为正，领纳佛法为受。正受虽为禅定的异名，但两者意指也各有侧重，禅定义重在思维，正受义重在领纳。

译文

“世尊！如果无明烦恼不断绝、不断尽，就不能达到体性纯一的无上的般若涅槃境界，什么缘故呢？因为无明烦恼不断绝、不断尽，比恒河沙数还要多的应断绝的烦恼就不能断绝，不能断尽。由于比恒河沙数还要多的应断绝的烦恼没有断绝，所以，比恒河沙数还要多的佛法，是本应该获得的，却得不到；是本应该契合的，却契合不了。

“所以，无明烦恼聚集着其他的一切烦恼，生发出一切在修道断绝烦恼过程中，起阻碍作用的烦恼。它生发出在用思虑觉知佛理过程中起阻碍作用的烦恼、在专心修习佛法过程中起阻碍作用的烦恼、在用智慧观照契合真如理体过程中起阻碍作用的烦恼、在用思维修习佛理过程中起阻碍作用的烦恼、在专心领受佛法过程中起阻碍作用的烦恼、在用各种善巧方法修习佛法过程中起阻碍作用的烦恼、在用智慧通达佛理真实过程中起阻碍作用的烦恼、阻碍修行求获佛果的烦恼、在修行求获一切功德过程中起阻碍作用的烦恼、在修获佛力过程中起阻碍作用的烦恼、在修获四无畏过程中起阻碍作用的烦恼。如此比恒河沙数还要多的随起烦恼，只有如来彻底觉悟的智慧才能断绝。一切在修道过程中随起的烦恼都依赖无明烦恼生成，这一切随起烦恼的发生，都以无明烦恼为原因，以无明烦恼为条件。世尊！对于这些随起烦恼，心可以与它们在极短的时间内相应。

“世尊！心却不能与根本不了知一切佛法的无明烦恼相应。

“世尊！再提起那些比恒河沙数还多的，应该由如来彻底觉悟的智慧断绝的烦恼，那一切都是由无明烦恼所持，由无明烦恼生成的。就像一切种子，都依赖土地萌生、成株、长大，假如土地坏了，从土地所生的种子、芽、茎等也就随之坏了。那些比恒河沙数还多的，如来觉悟的智慧所应断的烦恼，那一切都由无明烦恼所生起、所建立、所增长。如果断绝了无明烦恼，比恒河沙数还要多的、由如来彻底觉悟的智慧断绝的烦恼也随着断绝，如此一切根本烦恼和随起烦恼全都断绝，那么，也就能证得像恒河沙数等如来所得的一切诸功德法，就能通达无碍，具有一切智慧。断绝一切过咎罪恶，获得一切功德，成为诸法之王，掌持一切诸法自在无碍，从而进入在一切法中自在无碍的佛境界。到达佛的境界，作为如来，作为应受一切众生供养的、遍知一切诸法的佛，就可以像狮子吼一样地无畏地宣说：

“我已具有脱尽生死果报的智慧，建立清净涅槃行的智慧，一一办完应该奉行的道谛的智慧，不再受未来果报身的智慧。所以，世尊您像狮子吼一样无所畏惧，依据完全彻底的真如理义，才能一向肯定的宣说。

原典

“世尊！‘不受后有智’有二种：

“谓如来以无上调御降伏四魔[①]，出一切世间，为一切众生所瞻仰，得不思议法身[②]，于一切尔炎地，得无碍法自在；于上更无所作[③]、无所得[④]地，十力勇猛[⑤]，升于第一、无上、无畏之地，一切尔炎无碍智[⑥]观，不由于他‘不受后有智’狮子吼。

“世尊！阿罗汉、辟支佛，度生死畏，次第得解脱乐，作是念：我离生死恐怖，不受生死苦。世尊！阿罗汉、辟支佛观察[⑦]时，得‘不受后有’观第一苏息处涅槃地[⑧]。

“世尊！彼先得地，不愚于法[⑨]，不由于他，亦自知得有余地，必当得阿耨多罗三藐三菩提[⑩]。何以故？声闻、缘觉乘，皆入大乘。大乘者，即是佛乘，是故三乘是一乘。

“得一乘者，得阿耨多罗三藐三菩提。阿耨多罗三藐三菩提者，即是涅槃界。涅槃界者，即是如来法身[⑪]，得究竟法身者，则究竟一乘[12]，无异如来，无异法身，如来即法身。

“得究竟法身者，则究竟一乘。究竟者，即是无边不断。世尊！如来无有限齐时住[13]，如来应等正觉后际等[14]住，如来无限齐大悲、亦无限齐安慰世间、‘无限大悲、无限安慰世间’。作是说者，是名善说如来、若复说言‘无尽法、常住法、一切世间之所归依’者，亦名善说如来。是故，于未度世间，无依世间与后际等，作无尽归依、常住归依者，谓如来、应、等正觉也。

“法者，即是说一乘道；僧者，是三乘众。此二归依，非究竟归依，名少分归依。何以故？说一乘道法，得究竟法身，于上更无说一乘法事。三乘众者，有恐怖，归依如来求出修学，向阿耨多罗三藐三菩提。是故二依[15]，非究竟依，是有限依[16]。

“若有众生，如来调伏，归依如来，得法津泽，生信乐心，归依法、僧，是二归依。非此二归依，是归依如来。归依第一义[17]者，是归依如来，此二归依第一义是究竟归依如来。何以故？无异如来，无异二归依，如来即三归依。何以故？说一乘道，如来四无畏成就[18]狮子吼说。若如来随彼所欲而方便说，即是大乘。无有三乘，三乘者，入于一乘；一乘者，即第一义乘。

注释

①**四魔**：魔是梵语魔罗（Māra）的略说，意即能夺命、障碍、扰乱。佛教中的魔，并不都是指神灵化的恶者，首先是在义理上概括人生宇宙中的否定性现象，在这一意义上，有四魔、八魔、十魔之说。四魔，（一）烦恼魔，即贪、嗔、痴等各种烦恼；因为众生心中有烦恼扰乱，使一切善法不得增长，所以称为魔；（二）阴魔，也作蕴，指色蕴、受蕴、想蕴、行蕴、识蕴（五蕴是佛家对众生构成的一种分析方式，概括了众生的精神和物质现象）能导致种种苦恼，所以也称为魔；（三）死魔，指死亡断人命根，所以称为魔；（四）他化自在天魔，即他化自在天中的魔王波旬。

②**不思议法身**：成佛即有三身，法身、报身、应身。法身，即佛教最高理体，象征表述为周遍虚空之身。由于抽象出的最高理体永恒无上，周遍一切且体现佛家胜妙理想彼岸境界，所以形容它为不可思议。

③**无所作**：也称无为（Asaṁkṛta），意即脱绝一切因缘造作，无生、住、异、灭的造作，达到虚无寂灭的涅槃境界。

④**无所得**：心中不再执取尘世妄相和迷恋情欲，达

到无上智慧的实相性空、脱离生死的涅槃境界。无所得又名为慧，都意指涅槃境地。

⑤**十力勇猛**：如来的十种智力勇猛无敌。力，此处特指智力。十力，即十智力，是对佛具有一切智力的具体表述形式。十智内容如下：（一）知觉处、非处智力，即了知物的道理与非道理的智力。处，道理。（二）知三世业报智力。（三）知诸禅、解脱、三昧智力。（四）知种种谛智力。（五）知种种解智力。（六）知种种界智力。（七）知一切至所道智力。（八）知天眼无碍智力。（九）知宿命无漏智力。（十）知永断习气智力。

⑥**无碍智**：即佛智。

⑦**观察**：此处的观察意指在彻底脱离生死果报之后在心里领悟契合真如理体。

⑧**得"不受后有"观第一苏息处涅槃地**：获得"不受后有智"证悟究竟涅槃。苏息地，原是指阿罗汉、辟支佛涅槃的灰身灭智的境地，大乘不赞同灰身灭智，于是此经用第一形容苏息地，以表述阿罗汉、辟支佛通过努力从灰身灭智的涅槃升入彻底的涅槃。第一，是大乘区别于小乘的特殊用语。

⑨**不愚于法**：大乘为了贬抑小乘和争取小乘，有意将小乘分为两类，一类称为愚法小乘，指他们迷执本门教法，对大乘教法无知或持拒受的态度；一类称为不愚

法小乘，指有的修行人先修习的小乘教法并取得果报，一旦得闻大乘教法便回心向大，取得更大的成就。当然小乘自己是不承认这种说法的。

⑩**阿耨多罗三藐三菩提**：Anuttara-samyak-saṁbodhi，意为无上正等正觉，也习惯地译为无上正遍知、无上正遍道、真正遍知，都是指的佛智。阿（A）即无，耨多罗（nuttara）即上，三藐（samyak）即正等，三菩提（sambodhi）即正觉或正道。

⑪**涅槃界者，即是如来法身**：究竟涅槃的境界，就是佛法身。如来，也作如去，是佛的十号之一，梵语为多陀阿伽陀、苔塔葛达（Tathā-āgata如来，Tathā-gata如去）。如来，意即如实来格之人，意思是诸佛都是乘（奉行、契悟）如实道（诸法实相即空相的道义理体）来（至涅槃），此佛也如此来；如去，意即达于如实之人，意思是诸佛都是乘如实道去（达到涅槃），此佛也如此去。

⑫**究竟一乘**：究竟达佛境的一乘教法，即三乘方便一乘真实究竟佛境。

⑬**无有限齐时住**：指如来作为最高佛法理体永恒地存在。限齐，也作齐限，意即尽。

⑭**后际等**：指尽未来际。

⑮**二依**：即二归依。此句和后二句的依都是归依的

简说。

⑯**是有限依：**即前面提到的少分归依。

⑰**第一义：**也作胜义、无上义。

⑱**四无畏成就：**成就四无畏，亦即具备四无所畏；（一）是一切智无所畏，说佛在众人中说法时，讲自己是成就了正等正觉的人，所以心中毫不畏怖；（二）是漏尽无所畏，说佛在众人中说法时，讲自己是断尽一切烦恼，所以心中毫不畏怖；（三）是说障道无所畏，说佛在众人中说法时，讲到阻碍、妨害佛道的种种现象毫无畏怖心；（四）是说尽苦道无所畏，说佛在众生中说法时，讲到怎样脱离生死苦果的教义毫无畏怖心。

译文

“世尊！不要受未来果报身的智慧有两种：

“第一种是，如来运用无上的佛法调化、降伏烦恼魔、五阴魔、死魔、他化自在天魔等四魔，超出一切世间，被一切众生恭敬仰望，获得不可思虑契合真如的法身，在生发一切智慧的境地里，获得最高自在无碍。再往上更是达到脱绝一切因缘造作、断尽对一切妄相情欲的执迷的真如真理境界，强大的十种智力无不具备，从而升入最高的、无上的、无畏的成佛境界，于一切所知境地，以无碍智慧去观察、理解、领悟、契合佛法真如，不须依赖他力；获得不受未来果报身的智慧，能像狮子吼那样无畏地宣说佛法。

“世尊！第二种说的是，阿罗汉、辟支佛，度过令人恐怖的生死轮回的畏途，在原来有所解脱的基础上，进一步得到彻底解脱的悦乐，于是这样想：我已经脱离了对生死的恐怖，不再遭受生死果报的苦痛。世尊！阿罗汉、辟支佛这时再在心里领悟契合真如，就获得不受未来果报身的智慧，并凭借这智慧证悟契合无上的涅槃。

“世尊！如果阿罗汉、辟支佛在原来修行所达到的境界，对大乘教法不是无知和拒受，能理解、领悟大乘教法，不去借助他力，也明了自己所获得的果报境界还不是最高的涅槃境界，仍然存留有今生身，那么将来一定能获无上的真正觉知一切真理的智慧。什么缘故呢？声闻乘、缘觉乘教法，都归向大乘教法。大乘教法，就是佛乘教法，所以，声闻乘、缘觉乘、大乘等三乘教法也就是一乘教法。

“获得一乘教法成就的，也就获得无上的真正觉知一切真理的智慧。此智慧，也就是涅槃境界。涅槃境界，就是如来的法身。获得究竟的法身，就是成就了究竟证悟佛境的一乘教法，与如来本体没有什么不同，与法身本体没有什么不同，如来本体也就是法身本体。

“获得究竟极致的法身，就是成就了究竟证悟佛境的一乘教法。所谓究竟极致，就是竖穷三际、横遍十方常住无尽。世尊！如来是无有过去、现在、未来的界限，永恒不尽地存在，如来应受到一切众生供养的、具有遍知一切法的智慧的佛，是尽未来际住的，如来有无界限的大悲心，也有无界限的悲心去安慰世间的众生。‘如来有无限的大悲心，能无限安慰世间众生的。’这样说，才是完全正确地谈论如来。如果再说‘如来是无限的理性、永恒存在的理法、一切世间众生归依的处所’，也叫完全正确地谈论如来。所以，在众生没有得到教化济度的世间，在众生没有凭依处脱离生死的世间，在众生没有依止、保护的世间，能尽未来际的做无限的归依、永恒的归依，就称为如来、应受一切众生的供养、具有遍知一切法的智慧。

“讲到法，就是在讲一乘教法；讲到僧，就是在讲声闻、缘觉、菩萨三乘的修行人众。仅仅归依一乘教法和三乘僧众的二归依，还不是无限地永恒地彻底地归依，只能称为有限地非彻底圆满地归依。什么缘故呢？要为修行人讲述一乘教法目的在于获得究竟极致的法身，当他们证悟究竟极致的法身后，就不须再对他们讲述一乘教法了。声闻、缘觉、菩萨等三乘僧众，对生死果报抱有恐怖心，所以归依如来，企求出世间脱离生死果报，修习研学佛道，趋向无上的真正觉知一切真理的智慧。所以仅仅归依一乘教法和僧众的二归依，不是无限地永恒地彻底地归依，只是有限地归依。

“如果有众生，受到如来的调理降伏，归依如来，得到佛法的润泽教化，心里树立起对佛的信仰而感到悦乐，从而归依教法、僧众这是二归依。‘二归依’，是根本归依如来而来。归依佛法的真如真实义，就是归依如来；此法、僧二归依的真如真实义，就是究竟归依如来了。什么缘故呢？因为归依第一义是等于归依如来。所以归依如来（即众生本具如来藏性）即是三归依。什么缘故呢？宣说一乘教法，如来具备‘一切智无所畏、漏尽无所畏、说障道无所畏、说尽苦道无所畏’的四无畏，像狮子吼一样地宣说。如果如来随顺声闻乘、缘觉乘所向往的，用善巧灵活的方法对他们进行诱导，就是大乘，不须再分列出声闻、缘觉、菩萨三乘。这三乘已统入到一乘；一乘教法，也就是求获无上佛法真如真实义的教法。

6　无边圣谛章

原典

无边圣谛[1]章第六

“世尊！声闻、缘觉初观圣谛[2]，以一智[3]断诸住地，以一智四断知功德作证[4]，亦善知此四法义。

“世尊！无有出世间上上智[5]，四智渐至[6]，及四缘渐至[7]。无渐至法，是出世间上上智。

“世尊！金刚喻者[8]，是第一义智。世尊！非声闻、缘觉不断无明住地初圣谛智是第一义智。世尊！以无二圣谛智断诸住地[9]。世尊！如来、应、等正觉，非一切声闻、缘觉境界，不思议空智[10]断一切烦恼藏[11]。世尊！若坏一切烦恼藏究竟智，是名第一义智。

“初圣谛智，非究竟智，向阿耨多罗三藐三菩提智。世尊！圣义⑫者，非一切声闻、缘觉，声闻、缘觉成就有量功德，声闻、缘觉成就少分功德，故名之为圣⑬。圣谛者，非声闻、缘觉谛，亦非声闻、缘觉功德。世尊！此谛，如来、应、等正觉初始觉知，然后为无明谷藏⑭世间开现演说，是故名圣谛。

注释

①**无边圣谛：**圣人所见的具有无限意义的真理，其实就是佛谛。无边，属于佛的范畴。圣，也作圣人、圣者，梵语为阿离野或阿梨耶（Ārya），佛家特指大小乘已经领悟到佛道，修行断惑证理获得一定果位的尊者。谛，真理，佛家指佛法义理。圣谛，即圣人所见证的真实不虚的理体；又圣谛，作四圣谛，专指原始佛教（释迦牟尼在世时所传的佛教内容）中的苦谛、集谛、灭谛、道谛。无边圣谛，作为圣之至者（称为圣主、圣狮子、圣仙、圣尊等）的佛所见证的真理。

上一章，经文反复地从各个方面论述了佛乘在断无明烦恼上，与小乘有根本区别，肯定了佛乘的广大义、究竟义、第一义、无余性，既区别于小乘又涵盖小乘，从而引出三乘归入一乘的重要命题。然而佛乘究竟凭借什么样的义既区别于小乘又涵盖小乘呢？尚未进一步展开论述。

这一章便承接上章展开论述，讲到在各自觉知或者说认识、掌握到的真理上，佛觉知的真理（无边圣谛）根本区别和涵盖二乘所觉知的真理（初圣谛），并具体提出无边圣谛的核心内容即不思议空。

在领会经义时，一定要掌握无边圣谛、初圣谛、圣谛、声闻缘觉谛、无二圣谛等概念的差别。

②**初观圣谛：**刚开始起心理解领悟圣人的真理。初观，又作初心观，又作初心证。

③**一智：**也作一切智。佛家有三智之说，（一）为一切智，即声闻、缘觉的智，意即知一切法的总相，所谓总相即空相；（二）为道种智，菩萨的智，即知一切种种差别的道法；（三）为一切种智，即佛智。

④**以一智四断知功德作证：**即以第一智成就四事。四断知，四种断惑的智慧知见，其实就是指的“我生已尽，梵行已立，所作已办，不受后有”四智。

⑤**出世间上上智：**即佛智。佛家只有三智的说法，（一）为凡夫、外道的智，虽对一切现象能分别种种，却执着其有无，所以不能出离世间，仍受果报轮回；（二）为出世间智，即声闻、缘觉二乘的智，能证见四谛，出离世间，获一定果位；（三）为出世间上上智，能观一切

诸法的实相，证得妙觉，超出二乘之智，究竟成佛。

⑥四智渐至： 即先生苦谛智，再生集谛智、灭谛智、道谛智。

⑦四缘渐至： 即先缘苦知苦，再缘集、灭、道谛。声闻缘觉无论是断烦恼，生智慧，证谛理，都是渐次的。

⑧金刚喻者： 指金刚喻定、金刚喻智。以金刚喻智慧的能破一切烦恼，断尽无余。金刚喻，本为三乘所共。如证阿罗汉的前一念心，起金刚喻定或智，断烦恼，证无学果。然约破尽一切烦恼的金刚喻智说，声闻、缘觉是还不配称金刚喻智的。金刚喻智，要到等觉后心。这时，顿断一切烦恼，即引起佛智。

⑨以无二圣谛智断诸住地： 用唯一性的圣人真理断绝一切根本烦恼。佛家从各种角度说明唯一，但都归向佛谛，如《法华经·方便品》说“如来但以一佛乘故为众生说法，无有余乘若二、若三”。有余乘，指仍留有今生身果报的小乘；若二，指居第二的缘觉乘；若三，指居第三的声闻乘；居第一的则是佛乘。

⑩不思议空智： 不思议空，又作究竟空。空是佛家极重要的概念，几乎无空不成佛，但大乘与小乘的空谛颇不一致。小乘认为一切诸法（一切物质的精神的现象）生成流转或存在，无非是依赖因缘和四大五蕴假合，不过是暂有的幻相，没有真主（真实的主宰），修行人观得

这一切皆空的义理后，决心灰身灭智以脱离这虚幻的一切所带来的生死苦痛，本经前面讲到的“声闻、缘觉初观圣谛”就属于这一范畴。大乘则把侧重点放到内心，认为既然一切诸法依因缘生虚幻无可得，只要内心不执定诸法实在，不产生占有欲念，保持一种无碍自由的境界，便证入空性，心住涅槃，得以成佛，这样修行人身处世间法无须“灰身灭智”也能出世间涅槃，这就叫在有不有（处在尘世心住涅槃），在空不空（心住涅槃处在尘世），空即妙有。大乘的这一义理便成为大乘的“一切众生皆有佛性”的思想根据。另外，大乘重法，将诸法空性抽象成本原性的真如理体，将理体作为绝对的唯一的真实存在，而理体的空性则是无限无量、遍一切处，在一切物质的精神的现象中都存在，因而修行人只要通过最高的智慧（佛智）觉知获得真如理体便能涅槃成佛。从这一义理也能导出“一切众生皆能成佛”。上述大乘的空谛，由于它的涵盖广大无边、通融空有无碍、肯定众生佛性，所以褒之为不可思议，当然不可思议也是对佛的范畴的界定。所以，观不思议空谛之智，其实也就是佛智。

⑪烦恼藏：藏含一切烦恼和如来法身的四根本烦恼和根本的无明烦恼。藏，含摄、藏纳。五住地既藏含一切烦恼，又藏含如来法身。

⑫**圣义：**此处指“圣”这个字的义理，圣与正的意义相近。能证见正法，得正性决定，名圣。圣应有究竟圆满的意义，不究竟不圆满的，不配称为圣。

⑬**圣：**此处的圣即圣人，与凡夫相对，仅仅义指入了道，有果位。从阿罗汉、辟支佛到菩萨、佛，都可以直接称为圣。

⑭**无明谷藏：**无明烦恼包含。谷（ㄑㄩˋㄝ）鸟卵。

译文

“世尊！修声闻乘、缘觉乘的人刚开始理解领悟圣人的真理，用觉知一切现象的总相即空相的智慧断绝各种烦恼，用觉知一切现象的空相的智慧成办四事，即：我已具有脱尽生死果报的智慧、建立清净涅槃行的智慧、一一办完应该奉行的道谛的智慧、不再受未来果报身的智慧，也能明了这四种佛法义理。

“世尊！超出世间的无上佛智，是不可能由声闻、缘觉的四智渐至的，及由四缘渐至的。因为如来所得的出世间上上智，都是无渐至法，换句话说，如来的出世间智慧是顿起的，不是渐次的，所以才是出世间上上智。

“世尊！金刚喻智，就是最高的佛智。世尊！声闻乘、缘觉乘刚开始理解领悟圣人真理的智慧只能断四住烦恼，不能断绝无明烦恼，所以不是最高的佛智。世尊！因为唯有以第二圣谛智，才能断诸根本烦恼。世尊！如来，应受一切众生供养的、遍知一切法的法王，不是一切声闻乘、缘觉乘所能达到的境界，如来是用不可思虑议论的契合真如空性的无上智慧，断绝所有藏含一切烦恼的根本烦恼的。世尊！如此坏灭所有含藏一切烦恼的根本烦恼的无上智慧，就称为最高的佛智。

“刚开始理解领悟圣人真理的智慧，不是究竟的最高佛智，只是趋向无上的真正觉知一切真理的智慧。世尊！‘圣’这个字的意义，不是一切声闻、缘觉可称为圣，声闻乘、缘觉乘成就的只是有限的功德，声闻乘、缘觉乘成就的只是不圆满的功德，所以只称他们为圣人。能契合真如的，不是声闻乘、缘觉乘所能达到的真理，也不是声闻乘、缘觉乘所能成就的功德。世尊！这究竟真理，只有如来、应受一切众生供养的、遍知一切法的法王才能初始觉知，然后在被无明烦恼包含的世间显现、开示和演说这佛法真理，所以才称为圣谛。

7 如来藏章

原典

如来藏[1]章第七

“圣谛者，说甚深义，微细难知，非思量境界，是智者[2]所知，一切世间所不能信[3]。何以故？

“此说甚深如来之藏。如来藏者，是如来境界，非一切声闻、缘觉所知。如来藏处说圣谛义，如来藏处甚深，故说圣谛亦甚深，微细难知，非思量境界，是智者所知，一切世间所不能信。

注释

①**如来藏**：梵语为 Tathāgatagrbha，是大乘义理中的

重要概念。如来藏的义理也是主要为大乘教义“一切众生皆能成佛”提供理论依据的。诸经宣说的如来藏义理不尽相同，或各有侧重，大致可以归结为三个方面，即所摄、所缠、能摄，三方面的内容在《胜鬘经》中都有涉及。

（一）为如来藏所摄，指如来的真如理体含藏或胎藏一切法（一切物质精神现象），也含藏一切众生，即众生是如来的胎儿，这实际是强调了佛性存在的普遍性，真如的普适性，众生既然是如来的胎儿，因而原是具有佛性可以成佛的。

（二）为如来藏所缠，也作如来藏在缠，意即如来法身被裹缠在无量烦恼藏之中。众生之所以为众生，是因为他们有烦恼，而如来法身又含藏在烦恼之中，所以众生本有如来性，一旦破除烦恼，如来得以显出即为如来法身。

（三）为如来藏能摄，如来真如虽然在烦恼的裹藏之中，但它仍具备无量的功德，即佛应具足的一切功德被库藏在如来藏中，一旦破除烦恼，如来显出，即无量功德具足。能摄其实是对所缠的补充说明。

②**智者：**此处智者，不包括声闻、缘觉。

③**一切世间所不能信：**经文作者的这种说法是有所指的，如来藏具有浓重的理论色彩和奥妙的辩证成分，

它以曲折的形式反映了一般和个别的统一、逻辑和伦理的统一，一般的世俗教徒确实难以理解。

译文

圣谛是什么？

“是甚深的道理，奥妙精细难以领会，是不可思虑量度的境界，只有具备出世间无上智的圣人才能理解领悟，是一切未断绝烦恼的世间众生所无法相信的。什么缘故呢？

“因为所讲述的甚深的道理是如来藏的义理。如来藏，是如来的无上境界，一切修声闻乘、缘觉乘的人都无法领会。在如来含藏的义理基础上，演说圣谛意义，由于如来藏的义理甚深，所以说圣谛也很甚深，奥妙精细难以领会，那是不可思虑量度的境界，只有具备出世间无上智的人才能理解领悟，是一切未断绝烦恼的世间众生所无法相信的。

8　法身章

原典

法身章[1]第八

“若于无量烦恼藏所缠如来藏不疑惑者，于出无量烦恼藏法身亦无疑惑[2]；于说如来藏如来法身不思议佛境界，及方便说心得决定者[3]，此则信、解说二圣谛，如是难知难解者，谓说二圣谛义。何等为说二圣谛义，谓说作圣谛义[4]、说无作圣谛义[5]。

“说作圣谛义者，是说有量四圣谛义[6]。何以故？非因他能知一切苦，断一切集，证一切灭，修一切道。是故，世尊！有为生死、无为生死，涅槃亦如是，有余及无余。

“说无作圣谛义者，说无量四圣谛义。何以故？能以自力知一切受苦，断一切受集，证一切受灭，修一切受灭道。

注释

①**法身章**：此章承上章对如来藏的义理展开论述，而论述的内容主要是如来藏义理中最富于辩证意味的、最精微的所缠义。

②**于出无量烦恼藏法身亦无疑惑**：对于破灭无量烦恼显出真如法身这一义理也不疑惑。经文作者的意思是，只要懂得和相信真如是裹藏在无量烦恼里，就会懂得和相信显出真如便是法身的道理。

③**于说如来藏如来法身不思议佛境界，及方便说心得决定者**：此句前省一“若”字。心得决定，也作心得究竟，意即在彻底理解领悟的基础上坚定信心修习此理义不改志向。

④**作圣谛义**：又名“有量四谛”。作，是功勋、加行，约修行说，依四谛修行——知苦、断集、证灭、修道。声闻、缘觉名作圣谛，由于四谛事还未究竟，还有苦应知，集应断，灭应证，道应修。

⑤**无作圣谛义**：又称“无量四谛”。无作圣谛如来智

境说，佛于四谛事圆满究竟了，不须再作功行，所以名无作圣谛。

⑥**有量四圣谛义：**四种圣谛义是有限的，不能使人破灭一切烦恼获得真如法身的。

译文

“若有人于此无量的根本烦恼裹藏着如来真如，对这义理不疑惑，那么对破灭无量根本烦恼显出真如法身这一义理也不疑惑；如来含藏如来法身唯有佛所知的不可思议的佛境界，及由佛善巧而行的、大方便说，我们如果能于佛所证的、所说的，心得决定不疑的信解，这样就会相信和理解如来含藏的两种真理。像这样的难以知晓、难以理解的义理，就是佛所说如来含藏理论的两种圣谛义。所说的二圣谛义，到底在说那两种呢？就是所谓的说作圣谛义，说无作圣谛义。

“所说的‘说作圣谛义’，就是所讲述的有限量的、不能使人破灭一切烦恼获得真如法身的四圣谛，什么缘故呢？因为它使人依赖他力，所以不能了知苦谛的一切内容，不能断绝集谛中的一切因缘，不能完全契合灭谛的彻底涅槃，修满道谛中的一切品类。所以，世尊！生死有两种：凡夫的分段生死与圣人的变易生死，涅槃也是这样：有余今身果的涅槃与脱离一切因果的涅槃。

“所说的‘说无作圣谛义’，就是所讲述的无限的、能使人破灭一切烦恼获得真如法身的四圣谛。什么缘故呢？因为它使人凭借自力，了知心领的苦谛中的一切内容。断绝内心的集谛中的一切因缘，内心彻底契合灭谛的涅槃，修行一切达到彻底寂灭涅槃的道谛内容。

原典

“如是八圣谛[①]，如来说四圣谛。如是四无作圣谛义，惟如来、应、等正觉事究竟，非阿罗汉、辟支佛事究竟，何以故？非下、中、上法得涅槃[②]。何以故？如来、应、等正觉于无作四圣谛事究竟，以一切如来、应、等正觉知一切未来苦，断一切烦恼、上烦恼、所摄受一切集，灭一切意生身，除一切苦灭作证。世尊！非坏法故，名为苦灭。所言苦灭者，名无始无作，无起无尽，离尽常住，自性清净，离一切烦恼藏。世尊！过于恒沙不离、不脱、不异、不思议佛法成就，说如来法身。世尊！如是如来法身，不离烦恼藏，名如来藏。

注释

①**八圣谛**：即作四圣谛和无作四圣谛。

②**非下、中、上法得涅槃**：指得涅槃是顿悟顿得的，不是由下中上渐次证悟的。

译文

“如此八种圣谛，而如来实只说四种圣谛。如此四种无作的圣人真理，只有如来、应受一切众生供养和遍知世界一切法的佛才能彻底觉知施行，阿罗汉、辟支佛不能彻底觉知施行。什么缘故呢？因为非由下而中而上的渐次证悟法，能得究竟涅槃。什么缘故呢？只有如来、应受一切众生供养和遍知世界一切法的佛才能彻底觉知？以一切如来、应受一切众生供养和遍知世界一切法的佛，能觉知一切的未来苦，佛断绝一切根本烦恼，随起烦恼所摄受的一切生死因，而且灭一切三乘的意生身，修行契合灭除了一切苦的最高理想境界涅槃。世尊！佛法真义，非是灭坏烦恼苦法，就名为苦灭谛，佛所讲述的除一切苦的灭谛，可说是没有初始没有因缘造作的，因此，灭谛无有生起，也无有灭尽，是不生不灭的无为法，此涅槃为离尽一切烦恼的，是永恒的法，自性清净，是离绝一切根本烦恼的。世尊！只有获得比恒河沙数还要多的不远离、不脱绝、无差别、不可思虑议论的佛法，才能讲述为真如显现的如来法身。世尊！如此真如显现的如来法身，在凡夫位时，为烦恼所缠，不离烦恼藏，所以就称为如来藏。

9　空义隐覆真实章

原典

空义隐覆真实[1]章第九

"世尊！如来藏智[2]是如来空智。世尊！如来藏者，一切阿罗汉、辟支佛、大力菩萨本所不见，本所不得。

"世尊！有二种如来藏空智。世尊！空如来藏[3]，若离、若脱、若异一切烦恼藏。世尊！不空如来藏[4]，过于恒沙不离、不脱、不异、不思议佛法。世尊！此二空智，诸大声闻能信如来[5]。一切阿罗汉、辟支佛空智，于四不颠倒境界转[6]，是故，一切阿罗汉、辟支佛本所不见，本所不得。一切苦灭，惟佛得证，坏一切烦恼藏，修一切灭苦道。

注释

①**空义隐覆真实**：烦恼隐覆着的真如真实的空性义。空义，空性的道理，此处的空侧重指寂灭妄相垢染心净中空。隐覆，裹缠不得显出。真实，真如真实不虚。本章讨论了认识如来藏中的真如隐显的智慧，这一智慧基于真如的空性理义。

②**如来藏智**：即是如来空智。如来藏，约众生本依的一切法空性说。如如法性中，摄得无边功德性；无边功德中，主要的是般若。般若智性，与如来藏不二，众生虽本有而还不曾显发大用。要到修道成就，圆满显发，即如来空智。因地的如来藏智，与果证的如来空智，相即不二。

③**空如来藏**：指如来藏，从无始以来，即为一切烦恼垢所缠缚，虽为烦恼所缠，但并不因此而与烦恼合一。

④**不空如来藏**：指如来藏具足过恒河沙不思议佛功德法。此处的不空，不是否定空性，而是强调真如并非无任何体性纯属虚无，因此此处的空与“空如来藏”中的空，概念不同一。

⑤**诸大声闻能信如来**：指能信受如来所说的声闻众。大声闻，即指利根声闻。

⑥**于四不颠倒境界转**：转，生起，产生。颠倒，与佛道真如的道理相反，如以虚为实，以妄为真，以苦为乐等。阿罗汉、辟支佛的四种颠倒：(一) 无常颠倒，即将本来是常 (永恒) 的涅槃视为无常；(二) 无乐颠倒，将本来是乐的涅槃视为无乐；(三) 无我颠倒，将本来是有我 (自性融通周遍随意自在无碍) 的涅槃视为无我；(四) 无净颠倒，将本来是清净的涅槃视为无净的。常、乐、我、净是大乘就净土佛国的理想境界所提出的四种佛界功德。此处经文讲阿罗汉、辟支佛入空智，只是从原来的四种颠倒转变为在这四方面不颠倒开始的。

译文

“世尊！如来藏智慧，也就是如来空智。世尊！如来藏是一切阿罗汉、辟支佛、大力菩萨原本不知晓的，原本所未曾证得的。

“世尊！如来藏空智有二种。世尊！一种要领悟所谓空如来藏，即含藏的真如性空的如来藏，此如来藏的真如虽然被烦恼隐覆，却是远离、断脱、而不与隐覆的一切烦恼合一。世尊！一种要领悟所谓不空如来藏，即含藏的真如不是空无性，而是具备无量功德、不可思虑议论的佛法。此如来藏的真如不远离、不脱绝、无差别的不可思虑议论的佛法。世尊！这二种领悟空性的智慧，唯有诸大声闻能信受如来所说。一切阿罗汉、辟支佛领悟真如空性的智慧，只是从原来的四种颠倒（无常颠倒、无乐颠倒、无我颠倒、无净颠倒）转变为四种不颠倒的境界生起的，所以，一切阿罗汉、辟支佛对如来的含藏，原本不知晓，原本所未曾证得的。灭一切苦的究竟涅槃，只有佛才能证得；只有佛才能坏灭一切烦恼的隐覆，修满一切灭苦的道谛内容。

10　一谛章

原典

一谛[1]章第十

“世尊！此四圣谛，三是无常[2]，一是常。何以故？

“三谛入有为相[3]，入有为相者是无常。无常者，是虚妄法。虚妄法者，非谛，非常，非依。是故，苦谛、集谛、道谛非第一义谛，非常，非依。

“一苦灭谛，离有为相。离有为相者是常，常者非虚妄法，非虚妄法者是谛、是常、是依。是故，灭谛是第一义，不思议。是灭谛，过一切众生心识所缘[4]，亦非一切阿罗汉、辟支佛智慧境界。譬如生盲不见众色[5]，七日婴儿不见日轮，苦灭谛者亦复如是，非一切凡夫心识所缘，亦非二乘智慧境界。

注释

①**一谛**：本章是将说四圣谛义，实为一谛，即灭谛。此灭谛才是第一义谛。其他之谛是生死杂染法，当然也是有为法。

②**三是无常**：无常，梵语阿儞怛也（Anitya），有生灭变迁的现象。阿（A）即无，儞怛也（Nitya）即常。三是，即苦谛、集谛、道谛。

③**入有为相**：涉入有因缘造作的境相，即涉及的是具有因缘造作的现实尘世现象。相，梵语攞乞尖拏（Lakṣaṇa），事物表于外的相状；表象（心中事物外相）也称为相。

④**过一切众生心识所缘**：超脱一切众生的心意识所缘的外界现实事物的认识。过，此处用为超脱。心识，此处泛指人的心意识功能。佛家说心识为能缘，即能认识外界事物；心识认识的对象为所缘。缘，即攀缘的略说。佛家说，心识作用独自不能起（发生），只有攀缘外境才能起，即只有在进入认识事物的实际过程才能起。认识，就要涉及、接触、思虑、忽此忽彼对照选择，犹如猿攀缘树木、老人攀借拐杖，所以称为攀缘。由于佛家所说的攀缘是带有情欲和对现实现象的执定（妄执），

因而是与寂灭的佛法相悖的，修佛者必须离攀缘，所以《楞伽经》卷一说：“法佛者离攀缘。”

⑤**生盲不见众色**：生来就眼瞎的人看不见各种外物。生盲，生来即盲。色，此处用为外物，不只是指物的颜色。

译文

“世尊！这无因缘造作的四圣谛中，苦谛、集谛、道谛三种谛属于有生灭变迁的范畴，唯有灭谛是属于无生灭变迁的范畴。什么缘故？

“因为苦谛、集谛、道谛三种谛是具有因缘造作的现实尘世现象。具有因缘造作的现实尘世现象，就有生灭变迁。既有生灭变迁，就是虚妄不实的现象。虚妄不实的现象，就不是究竟的真理，就不是超出生灭变迁的永恒真实，就不是众生归依的所在。所以，苦谛、集谛、道谛不是至高无上的真理，不是超出生灭变迁的永恒真实，不是众生归依的所在。

“唯一永恒真实的苦灭谛即灭谛，远离有因缘造作的现实尘世现象。远离有因缘造作的现实尘世现象就是超出生灭变迁的永恒真实，无生灭变迁的永恒真实不是虚妄的现象，关于不虚妄的理性的义理是真理，是永恒真实的，是众生归依的所在。所以，灭谛是至高无上的真理，是不可思虑议论的真理。这灭谛，超脱一切众生心意识所认识的外界现实事物，也不是一切阿罗汉、辟支佛的智慧境界。就像生来眼瞎的人看不到各种物，出生七天的婴儿看不到太阳，对灭一切苦的灭谛的认识也是如此，一切未能断惑悟理的凡夫的心意识认识不到灭谛，阿罗汉、辟支佛的智慧也通达不了它。

原典

“凡夫识者，二见颠倒。一切阿罗汉、辟支佛智者，则是清净。

“边见[①]者，凡夫于五受阴[②]，我见[③]妄想计着，生二见，是名边见，所谓常见、断见。见诸行无常，是断见，非正见；见涅槃常，是常见，非正见。妄想见故，作如是见。于身诸根，分别思维[④]，现法见坏，于有相续不见，起于断见，妄想见故；于心相续愚暗不解，不知刹那意识境界，起于常见，妄想见故。此妄想见于彼义，若过若不及，作异想分别，若断若常。颠倒众生，于五受阴，无常常想，苦有乐想，无我我想，不净净想。一切阿罗汉、辟支佛净智者，于一切智境界及如来法身，本所不见。

“或有众生信佛语故，起常想、乐想、我想、净想，非颠倒见，是名正见。何以故？如来法身是常波罗蜜、乐波罗蜜、我波罗蜜、净波罗蜜，于佛法身作是见者，是名正见。正见者，是佛真子，从佛口生，从正法生，从法化生，得法余财。

注释

①**边见**：有二种，即（一）常见，认为“我”死后常住不变。（二）断见，认为“我”死后断绝。亦即于五取蕴执取断、常一边之谬见。此边执见缘于萨迦耶见（有身见）所执之我、我所之事法，而起断、常二见，障碍处中之道谛与出离之灭谛。

②**五受阴**：又作五取蕴。无论领纳外境生情感，还是怀有贪爱而执取虚幻，都给人带来烦恼。人作为五蕴假名（结合）之物，正是由烦恼而生，所以称为五受阴（五取蕴）。

③**我见**：为我见、我所见的略说，我见又称为身见，或身见包括我见、我所见。身见为五恶见之首。佛家认为人身原本是五蕴和合的虚假现象（“五蕴假名”或“五蕴和合之假”），但是有的人却把自身看作是实有，企图主宰自己、满足自己的欲求，结果落得饱受苦痛烦

恼，所以视自己为实有是妄见、恶见，佛家就称这种妄以虚假的自身为实的妄见为我见。佛家又认为，环绕人身的外物也是生灭流转四大和合无实的，但是有的人却把身外之物看作实有，并起贪爱欲占为己有，结果烦恼重重落得空无所有，所以视外物为实是妄见、恶见。佛就称这种妄以虚假的外物为实有的妄见为我所见。

④分别思维：内心对事物现象进行思考辨识，以认识到对象属性。分别，思量识别诸事理；思维，思量所对的境加以分别。两种概念有部分重合，思维包含分别。用在此处，分别侧重辨识思维，侧重思考推度。佛家对人的心理研究成就甚著，但不能以现代心理去套合。

译文

“凡夫的心意识，对断和常的二种观念是颠倒的，一切阿罗汉、辟支佛的智慧，则局限在于远离恶行烦恼的清净。

“不能断惑悟真的偏颇思想观念即边见，是凡夫对于由烦恼产生的色、受、想、行、识五蕴的谬见。他们的想法违悖真实，固执地把本来是虚假的自身和身外之物当作是可以由自己主宰的真实存在，从而产生两种观点，这些观点就称为偏颇思想观念。这两种观点，就是所谓认定人身心过去、现在、死后永不间断、欢乐长享的常见，认定人身心死后断绝不再续生、不受报应的断见。仅仅认识到世间一切现象是因缘和合、迁流转变的，是断见，不是断妄悟真的佛法正见；仅仅认识到涅槃脱离因缘和合、迁流转变、永恒真实，是常见，不是断妄悟真的佛法正见。由于观念想法违悖真实形成的，所以才得出这样非正见的认识。凡夫对自身的诸根进行思考辨识时，只认识到现世现象在不断变坏，却没有认识到三世因果连续不绝，于是生起断见，这就是观念由违悖真实的想法形成的缘故；凡夫对于心相续的真义，愚昧不解，不知道心意识在极短的时间里也有生灭流转，于是生起常见，这也是观念由违悖真实的想法形成的缘故。这违悖真实的想法形成的观念，相对于关于五受阴的正确观念，有的过分了，有的却不及，由于是抱着违悖真实的想法对事理进行辨识，所以才形成或断见或常见的错误观念。持颠倒观念的众生，对于五受阴认识是颠倒的，本来是无常的却想成常的，本来是苦的却想成是乐的，本来无永恒主宰的我却想成有永恒主宰的我，本来是不净的却想成是清净的。一切阿罗汉、辟支佛所具有的领悟清净的智慧，于生死法的无常等，虽有所了知，但于如来一切智所知的如来藏境界，及如来法身，还是本所不见的。

“有的众生由于相信佛所讲的关于如来法身的理义，想到如来法身体性是无生灭迁流恒常不变的、功德无量其乐无穷的、融通周遍随意自在的、超脱尘世清净无染的，即具有常、乐、我、净四德，这并非是颠倒的观念，这就称为断妄悟真的佛法正见。什么缘故？因为如来法身就是通过契合常、乐、我、净度达涅槃彼岸，对如来佛法身做这样认识的，就称为正见。得此断妄悟真的佛法正见，才是佛的真子，有的是从听受佛的演说后生起的，有的是从真正的佛法生的，有的是从法身的感化中产生的，有的不得佛的法分，但从其他法如布施、持戒而得福报。

11　一依章

原典

一依[1]章第十一

“世尊！净智者，一切阿罗汉、辟支佛智波罗蜜。此净智者，虽曰净智，于彼灭谛，尚非境界，况四依智[2]！何以故？三乘初业不愚于法，于彼义当觉当得。为彼故，世尊说四依。世尊！此四依者，是世间法。世尊！一依者，一切依上，出世间上上第一义依，所谓灭谛。

注释

①**一依：**唯一归依灭谛义如来真实法身。此章在前一章的基础上进一步阐述了二乘的智慧（四依智）通达

不了灭谛境界，强调要成就无上佛唯有依如来真实法身即如来藏。

②**四依智**：四依，又作四入流，是小乘修行逐渐趋向涅槃的四个阶段，由于它们也属于一般向善的人众、天众所依，所以称为四依。四依：（一）为贤者，即修行未入圣位。（二）为须陀洹及斯陀含，须陀洹 Srota-āpanna，意为入流即能入圣道之流（圣道能流向涅槃故称为流），是声闻乘的初果，断三界的见惑；斯陀含 Sakdāgami，译为一来，意即当在欲界受生一度，是声闻乘的二果，断欲界前六品思惑。（三）为阿那含 Aāgami 译为不来，意即不再来欲界受生，是声闻乘的三果，断欲界后三品思惑。（四）为阿罗汉，断尽一切见思二惑。

译文

“世尊！清净的智慧，是一切阿罗汉、辟支佛度向涅槃彼岸的智慧。这清净的智慧，虽然称作清净的智慧，但是与那灭尽一切苦、契合彻底涅槃的灭谛相比，它却达不到灭谛境界，至于四依智就更达不到灭谛境界了。什么缘故呢？因为要使阿罗汉、辟支佛、菩萨三乘初发业的修行者，不致愚昧无知于法的真实义，但对于四依的真意义，当来一定能觉，一定能得。为了阿罗汉、辟支佛、菩萨三乘初发业的修行者，使他们不愚于法，所以世尊才说四依智。世尊！这四依智，不过是世间范畴。世尊！唯有这一归依，才是一切归依最高无上依，才是对超出世间的至上无比的真义理的归依，即归依所说的灭谛。

12 颠倒真实章

原典

颠倒真实[1]章第十二

“世尊！生死者，依如来藏[2]。以如来藏故，说本际不可知[3]。世尊！有如来藏故，说生死，是名善说。世尊！生死生死者，诸受根没[4]，次第不受根起，是名生死。世尊！生死者，此二法是如来藏，世间言说故有死有生。死者诸根坏，生者新诸根起，非如来藏有生有死。

“如来藏离有为相，如来藏常住不变，是故如来藏是依，是持，是建立。世尊！不离、不断、不脱、不异、不思议佛法。世尊！断、脱、异、外有为法依、持、建立者，是如来藏。

“世尊！若无如来藏者，不得厌苦，乐求涅槃。何以故？于此六识及心法智⑤，此七法刹那不住，不种众苦⑥，不得厌苦，乐求涅槃。世尊！如来藏者，无前际，不起不灭法，种诸苦，得厌苦乐求涅槃。

“世尊！如来藏者，非我，非众生，非命，非人。如来藏者，堕身见众生、颠倒众生、空乱意众生⑦，非其境界。

注释

①**颠倒真实：** 对真实义的颠倒认识，即将非真实的视为真实的，将真实的视为非真实的。如来藏是常住不变的真实，而依于如来藏的生死却是非真实的，但人们往往误以为如来藏有生有死，这就是颠倒真实。本章就是以众生最关注的生死问题来讨论颠倒真实的。

②**如来藏：** 指于一切众生之烦恼身中，所隐藏之本来清净（即自性清净）的如来法身。盖如来藏虽覆藏于烦恼中，却不为烦恼所污，具足本来绝对清净而永远不变之本性。

又一切染污与清净之现象，皆缘如来藏而起之教法，即称如来藏缘起。

③**说本际不可知：** 说生死的最初边际，是不可知晓的。际，即世，一般际有三际，即前际（过去世）、中际

（现在世）、后际（未来世）。但本际作为如来藏的所摄性的体现，涵盖一切世。

④**诸受根没**：指眼等六根的取境作用坏灭了。受即是取，眼等六根能取六境，说名受根。

⑤**心法智**：为第七末那识的异名。智，约凡夫的颠倒智说（《智论》有“心想智力”句），妄想执着，不是真智慧。

⑥**不种众苦**：指种下的苦种，即是招感三界生死的业；由善业感人天善果，由恶业感三恶趣果。即是善恶等薰习依于如来藏，善恶业不失而能感三界生死果。

⑦**空乱意众生**：指阿罗汉、辟支佛净智，也名空智。二乘空智，不能通达一切法性空，即究竟正见空义，所以说是空乱意，即迷乱于法空性，而意有错失。

译文

“世尊！生和死的现象，是依赖如来藏而有的。因为有如来含藏真如真实，所以才说生死本际是不可知晓的。世尊！因为有如来藏，依据如来含藏真如真实的义理来谈论生和死，这样谈法才是符合真实的善说。世尊！生生死死相续不绝的现象，是六根对外取境作用坏了，继而六根的作用不在相续生起，这就称为生与死。世尊！

生和死这两种现象是虚妄有为；但它的体性是如来藏，由于世间俗人的谈论，才将这些现象说成有死有生。死就是诸根的作用坏灭，生就是新的诸根生成，并非如来含藏真如真实本身有生有死。

“如来含藏的真如真实是远离因缘造作的相状的，因为如来藏是恒常存在不会变迁的，所以如来含藏真如真实，是无边功德所依止，是能摄持一切功德不失，一切佛法是因此而得建立。世尊！它不远离、不断绝、不脱弃、不差别、不可思虑议论的至上佛法。世尊！它是断绝、脱弃、差异、外离有因缘造作杂染有为诸法的凭依、摄持、建立处所，这就是含有真如真实的如来藏。

“世尊！如果没有如来含藏真如，人们就不会厌弃世间各种苦，乐意追求寂灭各种苦的涅槃。什么缘故呢？因为眼识、耳识、鼻识、舌识、身识、意识及末那识，此七法是念念生灭不住的，所以，没有如来藏，即不种众苦，也就不会厌弃苦、乐意追求寂灭的涅槃的。世尊！如来藏之所以为生死涅槃依，是因为它无前际，是不生不灭的常住法，能为众苦生死涅槃作所依，众生这才得厌苦，乐意追求涅槃。

“世尊！如来藏，不是五蕴现象妄想的实有主宰，不是由五蕴结合为虚妄身的众生，不是只有五蕴结合身那样的一期寿命，不是没有实有主宰的有情执妄的人。如来藏，那些堕落成固执认为自己和外物有真实主宰的众生、对世间虚妄与真实佛法做颠倒认识的众生、那些迷乱于法空性，而意有错失的众生，是通达不了如来藏真如真实的境界的。

13 自性清净章

原典

自性清净[1]章第十三

“世尊！如来藏者，是法界藏[2]、法身藏、出世间上上藏，自性清净藏。此自性清净如来藏，而客尘烦恼上烦恼所染，不思议如来境界。何以故？刹那善心，非烦恼所染；刹那不善心，亦非烦恼所染。烦恼不触心，心不触烦恼[3]。云何不触法，而能得染心？世尊！然有烦恼有烦恼染心。自性清净心而有染者，难可了知，惟佛世尊，实眼实智，为法根本，为通达法，为正法依，如实知见。”

胜鬘夫人说是难解之法问于佛时，佛即随喜：

“如是，如是！自性清净心而有染污，难可了知。有二法难可了知，谓自性清净心，难可了知；彼心为烦恼所染，亦难可了知。如此二法，汝及成就大法菩萨摩诃萨乃能听受，诸余声闻[4]，唯信佛语[5]。

注释

①**自性清净**：因有不改变的本性清净无染。自性，事物固有的不改不变的本性，此处所说的自性是如来藏的真如本性，也即指众生的心性中的真如。“心性本净”是大乘的基本思想，如来藏谛义是对“心性本净”思想的阐发。本来是自性清净的心怎么会生发出不善不净的各种念头识见呢？本经用“在缠位之法身”的义理作了回答，本章又用“客尘所染”的论述作了进一步的说明。

②**法界藏**：含藏真如理法不改不变的本性。法界，梵语达摩驮都（Dharmadhātu），释义很多，此处意即真如之理性。法，一切诸法；界，即性，性的意思是不改不变的固有本性。在一切诸法中有不改不变本性的唯有真如实相或真如理体。又法界可直译为法性、实相、实际。

③**烦恼不触心，心不触烦恼**：因为法法是不相到的，各住自性，烦恼是烦恼，心是心，就是同时能生起，也

还是互不相入。

④**诸余声闻：**其他各声闻乘。佛家习惯地称本门教法为宗，称他门的教法为余，此处站在大乘教上称小乘的声闻为余。

⑤**唯信佛语：**只有先相信佛所说的自性清净心而有染的义理。意味着声闻乘暂时还听不懂、领悟不了，只有先由信入。

译文

“世尊！如来藏，是对真如不变的含藏、是如来法身的含藏，是超出世间的至高无上谛义的含藏、是本性清净无染心的含藏。这本性清净无染真如心的含藏，又被各种烦恼，随起烦恼这些非心性固有的秽垢所污染，所以说这如来藏是不可思虑议论的如来境界。什么缘故呢？因在极短时间内的善心生起，不是烦恼能染污的；在极短时间内的不善心生起，也不是烦恼能染污的。烦恼没有作用心，心没有作用烦恼。为什么说心、烦恼互不相入，而能得染心呢？世尊！然而确有烦恼存在，有烦恼能污染心。本性清净无染的心而有染污，却是难可明了知晓的，只有世尊，具有透过一切现象认识真如实相的能力、智慧，为一切善法的根本为通晓一切法门，能秉持正法并传授众生，能觉知明见一切诸法实相。”

胜鬘夫人讲到这些甚深难解的妙法并向佛求救，请佛证明时，佛即随顺欢喜地说：

“正是这样，正是这样！本性清净无染的心却有被污染的现象，这确是难可明了知晓的。有两种事理难可明了知晓，即所说的本性清净无染的心难可明了知晓；那本性清净无染的心被烦恼污染也难可明了知晓。这两种事理，你和在修习大乘教法有成就的大菩萨才能听明领悟，至于其他各位修声闻乘的弟子，只有相信佛所说的本性清净心有污染的义理，而不能以自己的智慧来领会。

14 如来真子章

原典

如来真子[1]章第十四

“若我弟子随信[2]，信增上者，依明信已，随顺法智而得究竟。

“随顺法智者，观察施设根、意解境界[3]，观察业报，观察阿罗汉眠，观察心自在乐禅乐，观察阿罗汉、辟支佛、大力菩萨圣自在通[4]。此五种巧便观成就。于我灭后未来世中，若我弟子随信，信增上，依于明信，随顺法智，自性清净心，彼为烦恼染污，而得究竟。

“是究竟者，入大乘道因。信如来者，有如是大利益，不谤深义。”

注释

①**如来真子**：同佛真子。本章内容是世尊对胜鬘夫人的继续回答，世尊就小乘对自性清净心有染的义理难可了知而唯信佛语，展开论述了小乘弟子如何由信入、随顺法智而得究竟。

②**随信**：声闻乘中有根利根钝的，根钝的为随信，根利的为随法。随法的能自己思维所听到的佛法而修习。本章的内容主要是对声闻的钝根者言的。

③**观察施设根、意解境界**：反复思虑念想所构拟的关于六根思量、解知事理的义理。观察，在心里思虑念想，不能理解为对现实事物反复察看了解。施设，相当于安立、建立。意，思量。境界，意识所对境尘法界。

④**自在通**：又作游戏神通，意即神通变化自在无碍，自在出入变化随意，如戏一般，所以戏与自在同义。

译文

“如果佛弟子，信我的言教并随顺修习，信心不断增长，凭依这明智的信心究竟不改，就能随顺智慧观察正法，进而达到悟入正法，于正法究竟决了无疑了。

“随顺智慧观察正法者，即反复观察佛法中设立的感知思维器官思量，解知事理的义理，反复观察前世的造作行为必然导致后世果报的义理，反复观察阿罗汉为什么心还有深潜的烦恼，反复观察心智慧通达无碍自在的悦乐、心进入禅定清净寂虑的悦乐，反复观察阿罗汉、辟支佛、大力菩萨等圣人的神通变化自在无碍，于此五种慧巧方便观察成就，即名随顺法智。在我入灭后的未来世中，如果我的弟子信我的言教并随顺修习，信心不断增长，凭依这明智的信心，就能进而随顺五善巧观的法智，达到对本性清净无染却被烦恼污染这一义理的完全明了。

“对这一义理的完全明了，就是进入大乘道的前提。相信如来的言教，就能获得明了如此深义的大利益，就不会因如此深义难解而诽谤它。”

15　胜鬘章

原典

胜鬘章[1]第十五

尔时，胜鬘白佛言："更有余大利益，我当承佛威神，复说斯义。"

佛言："便说。"

胜鬘白佛言："三种善男子、善女人于甚深义，离自毁伤[2]，生大功德，入大乘道。何等为三？谓若善男子、善女人，自成就甚深法智；若善男子、善女人，成就随顺法智；若善男子、善女人，于诸深法不自了知，仰推世尊，非我境界，惟佛所知，是名善男子、善女人仰推如来。除此诸善男子、善女人已，诸余众生，于诸深法坚着妄说，违背正法，习诸外道，腐败种子者，当以王力及天、龙、鬼神力③而调伏之。”

尔时，胜鬘与诸眷属顶礼佛足。佛言：“善哉！善哉！胜鬘，于甚深法方便守护，降伏非法，善得其宜，汝已亲近百千亿佛④，能说此义。”

尔时，世尊放胜光明，普照大众，身升虚空，高七多罗树⑤，足步虚空，还舍卫国。时胜鬘夫人与诸眷属合掌向佛，观无厌足，目不暂舍。过眼境已，踊跃欢喜，各各称欢如来功德。具足念佛，还入城中，向友称王⑥，称欢大乘。城中女人，七岁已上，化以大乘。友称大王亦以大乘化诸男子，七岁已上举国人民皆向大乘。

注释

①**胜鬘章**：即胜鬘夫人章。本章是本经的最后一章，主要内容有三个，(一) 是胜鬘夫人对佛说的关于随顺法智入大乘道的义理的补充；(二) 是描述了众人听完世尊说法后欢跃称颂的盛况；(三) 是通过佛说，概括了此经的主要内容。

②**自毁伤**：因不信或曲解佛法，以致谤法，造下口业，自己伤害自己，是为自毁伤。

③**王力及天、龙、鬼神力**：王的威力和诸天、龙神、

鬼神的威力。诸天（Dava）、龙神（Nāga）、鬼神即乐叉（yakṣa），是天龙八部众中的头三种。龙神为水属之王，八部众中龙神的神通力仅次于诸天，所以用天龙代表八部。鬼神，狭意指乐叉，即飞行空中的鬼神；广意指天龙八部众，鬼意即有威，神意即有能。

④**汝已亲近百千亿佛**：大乘的多佛论包括这一含义，所谓一即一切，即一人成佛，能与万佛相通，具足万佛功德。

⑤**高七多罗树**：多罗又作呾啰（Tāla），意即岸树、高竦树，其实是一种棕榈树，学名 Borassus flabelliformis 或 Lontarus domestica，佛籍中说它极高者七八十尺。又多罗作为长度单位约等于二十一米。

⑥**友称王**：即舍卫城王。舍卫Śrāvasti，又译为闻物国，好名闻国，因此国出名人、胜物，名播四方，所以又叫友称国，即受到其他诸国的友善称颂。

译文

这时胜鬘夫人对佛说："还有其余的大利益，我应当秉承您的威神之力，再说说这义理。"

佛说："请说吧！"

胜鬘夫人对佛说："有三种善男子、善女人，如果面对这甚深的义理，能得到三种利益：不因曲解佛法而生谤言，伤害了自己；依法修行六度，因此可获广大功德；从信而解，信解而行，可入大乘之道。是哪三种人呢？一种是自己努力获得觉知佛法的智慧的善男子、善女人；二种是随顺法智有成就的善男子、善女人；三种是对各种深奥佛法自己不能明了知晓的善男子、善女人。这三种人如果信仰推崇如来，这是非我所解的境界，唯有佛所能知道。这就称为善男子、善女人信仰推崇如来。除了这三种善男子、善女人以外，余下的各类众生，如果面对各种精深的佛法还顽固地执定违悖真实的见解，背弃真正的佛法，修习各种佛法以外的教法，凡是这些腐化败坏自己善根的，就应当用王的威力和诸天众、龙神、鬼神的威力，加以调教，使他们降伏。”

这时，胜鬘夫人与各位随从，向佛行最庄重的顶足礼。佛说：“妙啊！妙啊！胜鬘夫人！你能巧妙地持守维护甚深的佛法义理，降伏违悖佛法的人，确能恰到好处，你实已亲近百千亿佛了，才能演说出此深奥的义理。”

这时，世尊全身放出殊胜的光明，普照大众，并以神通力飞升到空中，约有七棵棕榈树高，足在虚空里行走，返回舍卫国。这时胜鬘夫人和各位随从恭敬地合掌向佛敬礼，瞻仰不厌，注视不歇。当佛的形相从视野中消失，人们欢快地跳跃着，每个人都称颂赞叹如来不思议的功德，他们一心虔诚地想佛念佛，舍不得佛。回到城里，又向友称王称颂赞叹大乘法。城中的女人，七岁以上的，都由胜鬘以大乘道教化；友称大王也用大乘道教化各位男子。于是全国所有七岁以上的人民都归向了大乘教。

原典

尔时，世尊入祇洹林[①]，告长老阿难及念天帝释[②]。应时帝释与诸眷属忽然而至，住于佛前。尔时，世尊向天帝释及长老阿难广说此经，说已，告帝释言："汝当受持读诵此经，憍尸迦[③]！善男子、善女人于恒沙劫修菩提行，行六波罗蜜，若复善男子、善女人听受读诵，乃至执持经卷，福多于彼，何况广为人说！是故，憍尸迦当读诵此经，为三十三[④]分别广说。"

复告阿难："汝亦受持读诵，为四众[⑤]广说。"

时，天帝释白佛言："世尊！言当何名斯经，云何奉持？"

佛告帝释："此经成就无量无边功德，一切声闻、缘觉不能究竟观察知见。憍尸迦！当知此经甚深微妙，大功德聚，今当为汝略说其名，谛听谛听！善思念之。"

时，天帝释及长老阿难白佛言："善哉！世尊！唯然受教。”

佛言：“此经叹如来真实第一义功德，如是受持；不思议大受，如是受持；一切愿摄大愿，如是受持；说不思议摄受正法，如是受持；说入一乘，如是受持；说无边圣谛，如是受持；说如来藏，如是受持；说如来法身，如是受持；说空义隐覆真实，如是受持；说一谛，如是受持；说常住安隐一依，如是受持；说颠倒真实，如是受持；说自性清净心隐覆，如是受持；说如来真子，如是受持；说胜鬘夫人狮子吼，如是受持。

“复次，憍尸迦！此经所说，断一切疑，决定了义，入一乘道。憍尸迦！今以此说《胜鬘夫人狮子吼经》付嘱于汝，乃至法住，受持读诵，广分别说。”

帝释白佛言：“善哉！世尊！顶受尊教。”

时，天帝释、长老阿难及诸大会天人、阿修罗⑥、乾达婆⑦等，闻佛所说，欢喜奉行。

注释

①**祇洹林：** 祇洹林即祇洹太子之林，祇洹也作祇陀（JetrJeta）。舍卫国波斯匿王之子，在城拥有一处优美的园林，给孤独长者向太子求购。太子起初不许，在听到给孤独长者买园是造僧园献佛后，便只卖园地，自留树

林以供养佛，于是后人便将这一处佛传教活动的场所合称为“祇树（即祇洹林）给孤独园（或作精舍）”。

②告长老阿难及念天帝释：唤来长老阿难心念着忉利天主帝释。阿难（Ananda），释迦牟尼的十大弟子之一，也是他的堂弟。阿难的记忆能力极强，第一次结集，整理佛的言教，主要根据阿难的记诵。帝释，即须弥山顶忉利天主，统领三十三天，居喜见城，其梵语名为释迦提桓因陀罗（Śakra derānām Indra），略称为释提桓因。释迦（Śakra）是姓，意即能；提桓（Devānam）意为天；因陀罗（Indra）意即帝。因此释迦提桓因陀罗应直译释迦（或龙）天帝，或简称为释天帝，汉语几经变化将释天帝倒说成天帝释。

③憍尸迦：Kauśika 又作憍支迦，即天帝释。古印度有摩伽陀国（Magadha），国中有一婆罗门（Brāhmaṇa），名叫摩伽（Maga），姓憍尸迦，此人福德智慧超众，他的知友三十三人都修福德有成就，他们死后都受生为须弥山顶天上，摩伽为天主。此经中佛陀唤天帝释为憍尸迦，是称呼他升天前作为人时的本姓。

④三十三：即三十三天。又作忉利天。六欲天之一。于佛教之宇宙观中，此天位居欲界第二天之须弥山顶上，四面各为八万由旬，山顶之四隅各有一峰，高五百由旬，由金刚手药叉神守护此天。中央之宫殿（善见城）为帝

释天所住，城外周围有四苑，是诸天众游乐之处。城之东北有圆生树，花开妙香熏远，城之西南有善法堂，诸天众群聚于此，评论法理。四方各有八城，加中央一城，合为三十三天城。

⑤**四众**：指构成佛教教团之四种弟子众。又称四辈、四部众、四部弟子。即比丘、比丘尼、优婆塞、优婆夷；或仅指出家四众，即比丘、比丘尼、沙弥、沙弥尼。

⑥**阿修罗**：为六道之一，八部众之一。意译为非天、非同类、不端正。阿修罗为印度最古诸神之一，系属于战斗一类之鬼神，经常被视为恶神，而与帝释天（因陀罗神）争斗不休，以致出现了修罗场、修罗战等名词。

⑦**乾达婆**：意译为食香、寻香行、香神等。指与紧那罗同奉侍帝释天而司奏雅乐之神。又作寻香神、乐神、执乐天。八部众之一。传说不食酒肉，唯以香气为食。

译文

这时，世尊进入了祇洹精舍，唤来长老阿难并念着天帝释。天帝释和他的随从应着世尊的心念忽然到来，停立在佛的面前。这时，世尊向天帝释和长老阿难充分地演说这部经，演说结束，对天帝释说：“你应当领受牢记反复读诵这本经，憍尸迦！若有善男子、善女人于恒河沙数那样多的长时间里修习圆满觉悟法，施行六度；如果有善男子、善女人听到并领受读诵这本经，甚至持有经卷修习不已，这样获得的福德要比一般修习圆满觉悟法和施行六度的多，何况对人传播演说这部经！所以，憍尸迦！你应当读诵这本经，并对三十三天众分别传播宣说这本经。”

佛又对阿难说：“你也要领受读诵这本经，为各位比丘、比丘尼、优婆塞、优婆夷传播宣说。”

这时，天帝释问佛：“世尊！我们应当如何称呼这本经？我们承受、遵依、施行这本经的哪些谛义？”

佛对天帝释说：“这本经能成就无量无边的功德，是一切修声闻乘、缘觉乘的人所不能彻底领悟觉知的。憍尸迦！你应当知道这部经义非常深奥微妙，聚集着佛法中宏大的功德。我现在要为你概要地说明它的名义，你要仔细听！仔细听！要好好思虑牢记。”

这时，天帝释和长老阿难说：“好啊！世尊！我们恭受您的教导。”

佛说：“这部经赞叹如来绝对真实的理体和至高无上的功德，这一条要领受牢记；胜鬘夫人从佛领受的不可思虑议论的宏大佛法，这一条要领受牢记；一切誓愿都包含在胜鬘夫人所立的三大誓愿里，这一条要领受牢记；说了不可思议摄受正法，这一条要领受牢记；说了三乘归入一乘，这一条要领受牢记；说了圣人掌握的具有无限意义的真理，这一条要领受牢记；说了如来的含藏，这一条要领受牢记；说了真如实相显现的法身，这一条要领受牢记；说了烦恼隐覆着的真如真实的空性义，这一条要领受牢记；说了唯一关于永恒真实的真理，这一条要领受牢记；说了常住安隐唯一无上的灭谛，这一条要领受牢记；说了对真实义的颠倒认识，这一条要领受牢记；说了本性清净无染的心被烦恼隐覆，这一条要领受牢记；说了弟子随顺如来可以得道，这一条要领受牢记；说了胜鬘夫人像狮子吼那样无畏地演说佛法，这一条要领受牢记。

"其次，憍尸迦！这部经讲述的义理，可断绝一切疑惑，确立对究竟真实义理的坚定信念，引导人归入唯一佛乘道。憍尸迦！现在我将说的这部《胜鬘夫人狮子吼经》托付给你，直到佛法还住在世间的时期，你都要领受牢记读诵不已，广泛地为一切众生分别演说、传播。"

天帝释对佛说："好啊！世尊！恭受您的教导。"

这时，天帝释、长老阿难和所有参加说法盛会的诸天众、人众、阿修罗、乐神等，听了佛的教言，欢喜地信受奉行。

源流

如来藏的概念虽然不是《胜鬘经》创设的，但如来藏的系统理论特别是其中的核心义理“在缠位”说却是本经建立的。如来藏系统理论一经建立，便形成了一种具有激动力的思潮，在印度佛教史上，作为大乘中期的重要思潮，激励着瑜伽行派的学术活动，促进了唯识学说的发展；在中国佛教史上，从南北朝起，成为涅槃学系的重要支撑，后终于导出以《大乘起信论》为代表的具有中国特点的真如缘起的宏论，遂又借《大乘起信论》的增上力，裨益天台、贤首、法相等。宋以后，本经的讲习研究虽转衰羸，但近代又受到重视，直到 20 世纪八十年代末，中国佛学院重编的《释氏十三经》，将它列为天台学系的代表经典之一。

先说在印度佛教史上的影响。本经对瑜伽行派的影响是逐渐发生的。本经凸出讲到“在缠位”隐覆义，但在论述自性清净心如何有染，又如何离染时却非常含糊，甚至反复感叹“难可了知”。但是本经也流露出想搞清其中的内心机制和行运过程，所以提出了要“观察施设根、意解境界”[①]（这一句在唐译本中写作“观根、识、境”，其理论取向体现得更为明显）。

但是本经的作者尚停留在旧有的心识知识上，只提出了“于此六识及心法智，此七法刹那不住”[②]。由于缺乏新的理论工具，所以“七法”仍含糊在旧的根、识、境知识范畴里。然而它毕竟启示人们确认掘进方向之所在。

踵后出现的《解深密经》正是紧紧抓住了根、识、境，不过改造了“心法智”这个纯“向上门”的含糊概念，代之以唯识范畴的阿赖耶识（Ālaya）。阿赖耶的梵语意就是含藏，此经还把阿赖耶识称作阿陀那识（Ādāna），阿陀那的梵语意为执持，不过是含藏的同义词。究竟什么是阿赖耶识？此经借如来之口说：

“汝今为欲利益安乐无量众生，哀愍世间……吾当为汝说心意识秘密之义……于六趣生死，彼彼有情，堕彼彼有情众中，或在卵生，或在胎生，或在湿生，或在化生，身分生起，于中最初一切种子心识成熟，辗转和合，增长广大……此识亦名阿陀那识，何以故？由此识于身随逐执持故。亦名阿赖耶识，何以故？由此识于身摄受、藏隐、同安危义故。亦名为心，何以故？由此识色、声、香、味、触等积集滋长故……阿陀那识为依止，为建立故。”[3]

这里最清楚不过地表达了从心意识秘密着力的理论取向和建立阿赖耶识缘起义理体系的理识意图。此经所提出的著名的三相三无性即遍计所执相（Parikalpita）无自性、依他起相（Paratantra）无自性、圆成实相（Pariniṣpanna）无自性，无非是以阿赖耶识为核心讲通“流转”与“还灭”，这正是如来藏的关注范畴。但是，此经也没有明确地系统结合如来藏说论述阿赖耶识。

将如来藏和阿赖耶识结合起来详论的，是迟至五世纪才产生的《楞伽经》，此经将如来藏与阿赖耶识等而视之，且将《解深密经》中讲述的七识，进一步细分为八识，即将阿赖耶识定为第八识，另立一个末那识（Manas）为第七识，定前七识为“转识”，第八识为“本识”，此经说“如来之藏是善不善因”，当阿黎耶识（即阿赖耶识）不与“无明七识共俱”时名如来藏，与“无明七识共俱”时就叫阿黎耶识[4]，并说“阿黎耶识名如来藏，无共意转识熏习，故名为空；具足无漏熏习法故，名为不空。”[5]这二空义与《胜鬘经》二空智前后照应。

佛学界认为《楞伽经》第八识还有许多没讲明确的地方，两种中译本（汉译、宋译）的文义也不甚清晰。其实也不奇怪，将如来藏融入唯识论，建立全面系统、义理明确的唯识学说，是由瑜伽行派无着（Asanga，约公元三一〇—三九〇年）、世亲（Vasubandhu，约公元三二〇—四〇〇年）、陈那（Dignāga，公元四二〇—五〇〇年）、护法（Dharmapāla，公元五三〇—五六一年）等几代人的努力完成的。

次说在中国佛教史上的影响。《胜鬘经》译介到中国后，受到涅槃师的极大重视，当时著名涅槃师慧观即为此经作序。最早为此经作注的是道生的弟子道猷，道生圆寂后，道猷为弘扬道生遗教，作《胜鬘经注解》五卷。道猷弟子道慈，将《胜鬘经注》缩写成《要解》二卷。其后南朝、北朝均有习涅槃或兼习涅槃的弟子竞相作注疏，南地有慧超的《胜鬘经注》、法瑗的《胜鬘经注》、僧馥的《胜鬘经注》、僧璩的《胜鬘经文旨》、法珍的《胜鬘经义疏》、慧通的《胜鬘经义疏》、梁武帝还为此经撰了《别释》；北地则有道辨的《胜鬘经注》、慧光的《胜鬘经注释》、昙延、僧苑、灵祐分别作了“疏”。十分遗憾的是，上述著作均散佚不存。

隋唐以前的注疏，幸赖敦煌保存下来两卷，即北魏正始元年（公元五〇四年）的写本《胜鬘经义记》、延昌四年（公元五一五年）写本照法师《胜鬘经疏》残本。涅槃师看重《胜鬘经》是因为他们高扬“一切众生悉有佛性”，其义中连一阐提（Icchāntika，意即不具信，不信佛法者）也不例外。隋代的吉藏归纳涅槃师的教义时曾说：“我者即是如来藏义，一切众生悉有佛性，即是我义。”⑥

隋唐僧人的注疏也散失不少，如元晓的《胜鬘经疏》二卷、道伦的《胜鬘经疏》二卷、攀法师的《胜鬘经义记》一卷、靖迈的《胜鬘经疏》一卷均不存。现仅存慧远的二卷《胜鬘经义记》中的上卷、吉藏的《胜鬘经宝窟》六卷、窥基的《胜鬘经述记》二券、明空的《胜鬘经义疏私钞》六卷。其中影响最大的是吉藏的《宝窟》。吉藏关注《胜鬘经》也与他兼习《涅槃经》有关。由于吉藏学贯诸系、广识博洽，《胜鬘经》许多难解之处有赖他得以疏通，唐时菩提流志译的《胜鬘夫人会》，大量参照了吉藏的《宝窟》。

对照两种译本，颇为有趣，除了后者大量照抄前者外，也有不少区别。刘宋译本行文用词古奥理解较难，唐译本行文浅近简明较易阅读；刘宋译本保留了不少外来语句式情趣，唐译本努力写得接近汉语习惯；有的经文，刘宋译本用否定表述法，唐译本则蓄意改成肯定表述法，如刘宋译本“见诸行无常，是断见，非正见；见涅槃常，是常见，非正见。”唐译本作“见生死无常、涅槃是常，非断、常见（意即不抱以断、常见），是名正见。”⑦但为什么历代学人多用刘宋译本呢？这是因为刘宋译本除古趣盎然外，面貌更接近原本；而唐译本更多带有吉藏注的影响，人工汉化的痕迹重，且有的地方明显谬误，如唐译本“一乘章”前文明明写着：“僧者是三乘众……三乘众者，有恐怖故，归依如来。”后文却写作：“而以方便说于二乘……二乘者同入一乘。”然而刘宋译本就明白无误地写作：“即是大乘，无有三乘。三乘者，入于一乘。”刘宋译本不仅前后文一致，而且体现了所从来是《法华经》的“三乘方便，一乘真实”。

《胜鬘经》激起的如来藏思潮，在中国佛教史上造就的最显赫的成果，就是堪称佛学伟大著作的《大乘起信论》。此论系统论述的真如缘起义理具有中国佛教特色，含纳各宗各派精华，其思想也因之具有很强的辐射能力，唐宋以来无论贤首、天台、禅宗、净土、法相都弘扬此论，以此为进阶；影响远播海外日本、朝鲜已有千余年，近世更传译至西欧。此论原题为马鸣（Aśvaghoṣa，约公元二世纪）著，真谛三藏（Parmārtha 即波罗末陀，公元四九九年—五六九年）译，唐代就已有人疑为伪作，现代中、日众多学者反复考证，断定此论是中国佛家创作，梁启超因此欣喜若狂：

“……巍然成为世界学术界之一重镇。前此共指为二千年前印度大哲所撰述，一旦忽证明其出于我先民之手，吾之欢喜踊跃乃不可言喻……要之在各派佛学中能撷其菁英而调合之以完成佛教教理最高的发展；在过去全人类之宗教及哲学学说中，确能自出一头地有其颠扑不破之壁垒：此万人所同认也。而此业乃吾先民之所自出，得此足以为我思想界无限增重。”⑧

《大乘起信论》所讲的真如缘起，其实也就是如来藏缘起。此论讲及如来藏作为如来法身、不思议佛法的本体义，几乎照抄《胜鬘经》：“具足如是过于恒沙不离、不断、不异不思议佛法，乃至满足无有所少义故，名为如来藏，亦名如来法身。”讲及二空义，也是承袭《胜鬘经》的旨趣：“此真如者，依言说分别，有二种义。云何为二？一者如实空，以能究竟显实故；二者如实不空，以有自体，具足无漏性功德故。”但是，此论特别凸出了“一心真如”，强调其为“一法界大总相法门体”，把“自性清净心”的“还灭”义建立在“性自满足一切功德”上，这就为我国佛学高扬向内求的精神提供了重要的理论依据。

《楞伽经》的本意是讲如来藏和阿赖耶识本来为一，只是讲佛性便用如来藏，讲人心便用阿赖耶识。但是魏译《楞伽经》却误译成：“如来藏识不在阿黎耶识中，是故七种识有生有灭，如来藏识不生不灭。”⑨这样就把本来一心的自性清净心说成了二心，即净心和染心。《大乘起信论》继承了这种思想，也将如来藏和阿赖耶识分开，即完全用染、净二心之说来组织其理论体系，从根本上否定了一心说，“也就是将如来藏看成是阿赖耶识的‘觉’的一方面而另找一个自体，强调离开妄念而自有其体。这样也就在生灭流转的根源问题上，以为生灭和如来藏无关，从而形成了与印度佛教迥然不同的新说。”⑩这种论断符合中国佛教史发展的实际情况。

《胜鬘经》在宋代以后注疏讲习衰歇，再也没有出现南北朝时的热潮，显然与《楞伽经》《大乘起信论》更受到佛学界的广泛重视有关。这也是势所必然，佛学和其他的学术一样，总是随着历史的发展前进的，《楞伽》《起信》比《胜鬘》更丰富、更精微，更具有包容性、更能体现大乘精神。然而，如果没有《胜鬘》对如来藏思想的开展，是不可能有后者理论的壮观的。

唐代菩提流志编译了《大宝积经》一百二十卷，并把他译的《胜鬘夫人会》编入了其中的第四十八会。无独有偶，由胜友、善帝觉、智军译的《胜鬘经》藏文本，也被编入了《大宝积经》。自唐代以来，人们都习惯地在著录内典时将《胜鬘经》列入“宝积部”。将《胜鬘经》归入“宝积部”并非全无道理，因为《大宝积经》讲求的“根本正观”，是基于般若智慧持“中道”，即既反对“实有”，也反对以空为实在的“空观”；而反对“边见”，主张“二种如来藏空智”，也正是《胜鬘经》的重要内容。但是在近现代佛学界对学系分类越来越细密，更多的人或主张将《胜鬘经》列入涅槃部，因为此经的“一乘”“一谛”都指归涅槃，或主张列入法华学系，因为它弘扬了《法华经》“一乘”理论。

近现代，佛学家专攻唯识、禅宗者居多，也兼讲习《胜鬘经》。另外，佛学院、教团仍将此经作为僧伽学习的必修要典。现代教界著名佛学家印顺法师就在教内讲授过《胜鬘狮子吼一乘大方便方广经》，他将此经的意义概括为如下三个方面：

1. 约人而言是平等义，本经主张三点平等：一是出家与在家的平等；二是男子与女人平等；三是老年与少年平等。

2. 约法而言是究竟义，本经有三方面的究竟：一是如来的功德究竟，不论从哪方面看，唯如来常住功德多是究竟的。二是如来的境智究竟，境是佛证悟的诸法实相，智是佛证悟诸法实相的平等大慧，境与智在佛的无量功德中统摄，均超越二乘而圆满究竟。三是如来的因依究竟，如来的因依便是如来藏即佛性，如来藏人人有故人人可成佛；从如来究竟的境智，推求此究竟境智的根源，便指出了如来究竟所依的如来藏；如来依如来藏之因，而成究竟如来之果，果已究竟故因亦究竟。

3. 约人与法的相关而言是摄受义，此即摄受正法，就是接受佛法领受佛法，使佛法成为学佛者自己的佛法，达到自己与佛法合一的目的。[11]

印顺法师从僧伽修习的需要对《胜鬘经》意义的归纳，是十分精赅便学的。

注释

①刘宋·天竺三藏求那跋陀罗译《胜鬘狮子吼一乘大方便方广经·如来真子章》第十四。

②同上经《颠倒真实章》第十二。

③唐三藏法师玄奘译《解深密经·心意识相品》第三。

④北魏·菩提流支译《入楞伽经·佛性品》。

⑤同上经《刹那品》。

⑥隋·吉藏《大乘玄论》卷三。

⑦引文分别见两种译文《胜鬘经·一谛章》第十。

⑧梁启超《中国佛教研究史》，上海三联书店，一九八八年二月版三四八页—三四九页。

⑨同注④。

⑩方立天《佛教哲学》二〇四页。

⑪印顺法师《胜鬘狮子吼一乘大方便方广经讲记·悬论》，摘引自圣严法师《印度佛教史》福建莆田广化寺版，一七八页——一七九页。悬论，即绪论。

解说

与其他诸经相比较,《胜鬘经》颇具特色。它没有《法华经》的妙喻、《般若经》的鲜活对话，也没有《楞伽经》的那种宏论气势，但它却令人展卷阅后感到灵魂贯摄、襟怀廓落而又亲切自然。《胜鬘经》带有中期大乘经典的特点，它虽然在形式上显得平淡，却具有很强的思辨成分。这部经书古奥、简朴，与其所论述的如来藏理论体系十分和谐统一。许多佛经特别是早期的大小乘经往往是结集后再经加工编撰而成，免不了构思欠精、结构松散的弊端。而《胜鬘经》恰恰相反，其风格严谨独特，可能系佛门大德中敢于创新者所创作之成果。即非如此，至少也应是一部以个人创作为基础而编撰的经书。这也大概是它一传入中国便广为流传的原因。

《胜鬘经》共十五章，经文主要以叙述为主，这是佛经写作的通例。在经书中，作者根据佛门信众的阅读习惯，弘扬大乘精神，将演说此经义理的盛会氛围描绘得异常多彩，这无疑是一种让人感动的弘法精神。本来佛陀住世说法时，佛教尚处于原始时期，不可能产生如来藏理论体系，但作者身为大乘佛教精神的弘法者为提高这部经书的威望、并强调其教法的正法性，才如此设定全经内容。

在经文里，胜鬘夫人所说的偈语，读起来似乎无多少新意，且言辞大都是古经书中常见的。但细读下去，我们会发现这些偈语中深藏着的大乘精神和智慧。无论是佛作授记也好，胜鬘夫人被预言将来成佛也好，或是其国人皆悉这一消息，快乐胜于他化自在天等等，其实都是经文内容在形式上的一种美好象征。它启发人们：研习佛经不仅仅是修身养性，更重要的是重视经文阐述的深刻哲理和导善伦理，并着力表达经文内容中蕴含的文化精神及其超越的智慧。阅读《胜鬘经》，确应透过经中描述的那些神灵化的情景，去发现大乘精神向世间众生展示的智慧，化导我们的人生。

《胜鬘经》共十五章，分为六个部分。它所论述和强调的内容，也正是其惠溉后世僧俗、裨益现代文化的胜义。归纳起来，整部经主要是四个内容：摄受正法义、三乘入一乘义、如来藏义、二空智义，称为“四义”。这四义体现了大乘的一个重要精神：普度众生，使人生达到至真至善至美的境界。

摄受正法讲的是奉行佛法的准则，应是摄救教化众生，在这一过程中，又以三大愿来巩固对摄受正法的信念。这三大愿一是讲知其法，即具有理解和领悟摄受正法的智慧；二是传其法，即将自己接受和掌握的正法无私地传授给众生；三是护其法，这是对真理至善的追求。同时也就讲述了摄受正法卓著出世快乐，普度众生的无量功德。其内涵有如下四点：

第一，摄受正法是正法，是佛法的根本精神。

第二，摄受正法要求必须接受的是真正的佛法。

第三，摄受正法必须对众生施以真正的佛法，使众生奉行接受。它包括两个含义：接受正法；施行正法，二者缺一不可。

第四，奉行摄受正法的方法（即六度）；度众生达到涅槃彼岸的理想境界。

简明扼要地讲，摄受正法就是普度众生之法、受普度众生之法、施普度众生之法。这是全心全意、毫不改变的。

其次是三乘入一乘义，讲的是三乘必归唯一大乘，正如第四章中讲的“如是大乘少摄受正法，胜于一切二乘善根”。这三乘其实是菩萨、缘觉、声闻。而奉行了大乘的摄受正法就可以涵盖其他二乘。因为大乘生出涵盖出世间一切法，二乘自然属于被生出之行。同时，二乘旨在求得自身的解脱和摆脱恐怖，实时时处处害怕自己有什么不善，将来堕入恶道受苦的怖畏心理，因此不可能成就一切功德、获究竟涅槃得究竟乐。唯有佛乘才能获究竟涅槃。

另外，二乘之所以只能停滞在有余境地的原因，是因为断不了无明住地，也就是断不了最根本的烦恼。佛家将无明住地称为无始无明、根本无明、元品无明、最后品无明等。它是人彻底涅槃必须断绝的最后烦恼，也是四种有爱的根本烦恼所生之源。换句话说就是，无明住地的断否与能否证悟最高真如理体有关，而有爱四住地的断否只与情欲的灭否有关。二乘只能断有爱四住地获得有余清净解脱，只有佛乘（大乘）才能断无明住地获得彻底的一味等味之解脱，既能不依赖他力而得无碍法自在，又能度生死畏离生死苦。因此，三乘必入一乘，一乘才是唯一通达真如成就如来法身、彻底觉悟涅槃成佛的道法，是唯一成佛之道。它本身就是佛乘，为方便人们的理解才说成是大乘。

奉行一乘是有前提的，首先是要理解、了悟佛法，而不是愚昧无知；其次是要归依如来，有献身于普度众生的理想。决不能只限于在理性上的了解或形式上的出家而不付诸于社会来践行。其实也就是强调了不能只归依僧众、限于具戒出家，还要彻底奉行佛乘。

因此可以说，三乘入一乘，讲的就是将一切善法都摄统于普度众生的佛法，是对真理至广的追求。

三是针对如来藏演说圣谛，经文在第六章至第十一章作了论述。而圣谛义理则作为如来藏论的构成部分，在经文中被分为有作与无作四圣谛，即八圣谛说，将传统的四谛说创新了一步。在经文中，有两句话“若于无量烦恼藏所缠如来藏不疑惑者，于出无量烦恼藏法身亦无疑惑”是我们理解如来藏理论的关键。这两句话有三层意思，其一，如来法身是被藏在烦恼之中的，是对“流转”义的新解释；其二，破除烦恼的藏缠即显现出如来法身，这是对“还减”义的新解释；其三，只要了解如来含藏在烦恼中，就会明了真如的获得之道。那么，在缠的法身中，怎样才能出烦恼藏呢？经文中开始阐述前面所提到的二圣谛（即有作四圣谛、无作四圣谛）。“无作”与“有作”的根本区别在于奉行苦、集、灭、道能否实现彻底苦灭，即达到自性清净，也就是出离破除了烦恼藏。

经文的第十章指出关系到永恒真实之法的只有苦灭，并将苦灭称为“一谛”。凡夫、二乘之所以对此认识、领悟不了，原因就在于他们持的是偏见或颠倒见而非正见。

经文在第十二章至十四章里，还从被一般人容易误解的生死说起，通过对生死的阐释来论述心识现象与内心如来藏的关系。所谓生死，其实指的是内心的诸新受根起，诸旧受根坏，讲述人的心理意识观念精神是不断发展变化的，有生有灭，往复循环。而如来藏所藏隐的真如却是不生不灭的，是自性清净心。但为什么众生既有自性清净心，却不能觉悟成佛以至堕入恶道饱受生死苦果呢？答案是因为有客尘污染，而不是清净心本性具有的烦恼污染了清净心。要理解这一点，必须借五种巧便观作为方法。

要完整地理解如来藏，可以这么看：在众生未成佛前，内心具有成佛的这种种因性便叫“如来藏”，属于“因位”。成佛后就称为“如来法身”了，这属于“果位”。如来藏全部内容讲的是众生能普度尔后成佛之因，这是对真理至深的追求。

《胜鬘经》最后一章讲的是二空智，它又是对“在缠中”的如来法身或真如真实的体性理解的关键。对二空智慧，可以如此理解，即“在缠中”的如来法身是自性清净的，是远离一切烦恼的，因而是空的；但它又具有佛的境界和佛的一切功德，所以又是不空的。此谓“二空智”。二空是从《华严经》的“真空妙有”化过来的，它实际上指的是觉知苦谛的智慧，是对真理智慧的追求。

以上四义都体现了大乘精神，使我们从经文的字里行间中感受到大乘精神的宽宏诚挚。如果说佛教文化是一种复杂的文化现象，那么大乘文化则是人类文化中极富特色且对现代文化裨益最大的一种宗教文化现象。纵观古今，任何一个佛教宗派都视其教法是正宗无上的，但唯有大乘日盛不衰，远播四海，普遍受到近现代东西方思想的青睐，最重要的原因就是其精神和思想核心是利他、是普度众生。大乘文化的各个方面都始终闪耀着这一无私博大的精神光辉。其义理及哲学方法都是围绕着这一核心来加以阐释论述的。因此，大乘所追求的摩诃境界标志着贯彻这一核心主题的程度，也表明了进一步弘扬这一主题的态度。

再从大乘的意义来看，我们确实感受到了它的博大和宽阔。现代社会在经历了世界性、世纪性的大震荡、大变易和大发展之后，仍然处于不停的变幻之中。社会的良知始终在坚持呼唤着真正的至真至善至美，而且不断地摈弃自私、狭隘、妄见偏执等等影响社会进步的东西。越来越多的人都在苦闷、反思之余，转向各宗教和文化，以求找到参照寄托。这是近年来东西方社会宗教热加剧的原因。人们都在探求同一个问题，即是非的界标是什么？是利他还是利己？是普度众生还是结党营私？于是人们都会注意到大乘为众生舍身、命、财的牺牲精神和狮子吼的大无畏气概。为实现人类共同的理想，弘扬大乘应当也必将是世界人民的共识。

从四义精神分别对现代社会，对我们的社会生活、思想的启示来看，也有着十分重要的作用。

摄受正法的义理精粹是把主体的自我完善，建立在对社会有所贡献的践行上。这既是行为准则、教育准则、道德准则，也是一种价值观体现。当然，拯救现代观念的滑坡，并不是意味着放弃自我完善或实现自我，放弃的只是唯我。摄受正法义除了具有接受义外，还要求接受一切能为众生服务、教化的本领，做到尽善尽美，既自我完善又实现自我。经中特别强调了般若波罗蜜要为众生"演说一切论、一切工巧究竟明处，及至种种工巧诸事"。我们也发现了，历代高僧大多是同时代杰出的艺术家、科学家、工艺家、思想家。就是现代佛学院，也总是将社会实务科技列入修习功课中，以便佛子们在普度众生大业中更好地实现自我。正如经中所说"究竟涅槃、无作唯一灭谛、一味等味解脱"，彻底扬弃唯私行为，达到最高理想境界。因此，摄受正法作为社会伦理和人生哲理的精义，它已远远超越了宗教本身。

再看三乘入一乘义，同样具有超越自身宗教形式而滋养一切良知文化的能动性。它不是狭义地强调阿罗汉、辟支佛、菩萨三乘皆入大乘（佛乘），而是讲世间一切善法皆为佛法。这一点在佛教文化的内部是一种进步的文化现象。

众所周知，历史上，佛教内部曾存在着宗派之间观点意见互不兼容的现象。但至大乘时，对这种现象进行了反思，并最终以佛的博大胸怀，一反大乘初期与小乘的对立情绪，树立起了含摄一切良知文化的范畴。这样一种宽容的文化模式，在世界人类文化中不单纯是一种文化外在形式，更主要的是创立了一种理性精神的显现方式、社会良知的承载方式及社会践行的行为方式。我们观察现代五光十色的文化模式，就会发现没有任何一种进步的文化是狭隘自私的。因为这种自我封闭的行为和观念都是与一己、一帮、一党、一族、一国、一域之私相关联。反之，一切有利于全世界人类和平幸福的文化都与上述的私欲水火不容，大乘的意义正是如此。

经文还更进一步强调，破除一切文化、学说中障碍的关键在于要真正领悟“为一切众生故”的大乘精神。如果把如来佛智觉知的真如还原为社会伦理来讲，说的还是普度众生。经文中所云“无限大悲，无限宽慰世间，作是说者，是名善说如来”也是这个意思。现代东西方文化中最闪光的内容也都充满着利益一切众生的崇高理想。

如来藏理论中的智慧思想则对西方文化产生了一种

补偏和救佑的作用。早在二十世纪三十年代，熊十力先生就说过这样一段话："佛家哲学，以今哲学上术语言之，不妨说为心理主义。所谓心理主义者，非谓是心理学，乃谓其哲学从心理学出发故。今案其说，在宇宙论方面，则摄物归心，所谓'三界唯心，万法唯识'是也。然心物互为缘生，刹那刹那，新新数起，都不暂住，都无定实。在人生论方面，则于染净，察识分明。而以此心舍染得净，转识成智，离苦得乐，为人生最高蕲向。在本体论方面，则即心是涅槃。在认识论方面，则由解析而归趣证会，初假寻思，而终于心行路绝。其所以然者，则于自心起执，由慧解析，知其无实，渐入观行，冥契真理，即超过寻思与知解境地，所谓证会而已。吾以为言哲学者，果欲离戏论而得真理，则佛家在认识论上，尽有特别贡献，应当用心参学。今西洋哲学，理智与反理智二派，互不兼容，而佛学则可一炉而冶。"①这一段十分精辟的论断至今仍不失其意义，它在方法论上更是为现代西方学术发展的良性趋向提示了极为诱人的前景。

如来藏义理便集中体现了佛学方法论的这一优势，也就是心理主义（在现代方法论上称为心理学方法），它是理性与非理性的统一。心理主义作为现代西方学术的主潮之一，从实验心理学、分析心理学，到精神分析心理学、格式塔（Gestalt）心理学，再到人本心理学、文化心理学，都表明心理主义作为一种方法的普遍适应性越来越强。在中国大陆现代学术中，文化心理学方法是伴随哲学主体论的议论热潮而来的，尽管各家各派主体论的基本理论立场大相径庭，但似乎很少有人认为，文化心理分析方法和主体论热不是目前大陆社会科学界产生的重要现象。

现代西方学术在它开始发展时就刻意破坏德国古典哲学体系和理性的桎梏，纷纷走向非理性，以至于难以自拔。而心理主义型学术也不例外，它面临着许许多多的问题。日本的铃木大拙、阿部正雄学派洞悉西方文化哲学的危机，毅然用东方佛家的禅学来包容和救助西方文化哲学。这种做法，已受到了东西方哲人们的普遍关注。

但用禅学救助西学应该说略嫌狭隘了些，而大乘如来藏阿赖耶识的理论对于裨辅校助西学却十分有益。因为禅学理论的本体论仍是自性清净、心性真如，不出如来藏阿赖耶识范畴。禅宗顿悟所依据的“即心即性”义理也还是源于心性净染论的。其实，阿部正雄的禅学已不注重顿悟了，而直接划出了纯禅学的范畴[②]。

如果说如来藏理论对于现代西学的辅助是间接的话，那么二空智义对于西学的校补则更为切实。西方的现代哲学普遍对抗历史文明和传统形而上义理，争相追求否定性范畴。影响最大的如尼采（Friedrich Wilhlm Nietzsche 公元一八四四——一九〇〇年）对非存在的追求、海德格尔（Marfin Heidergger 公元一八八九——一九七六年）对无的执着。以海德格尔为代表的存在主义哲学（Existenz-phwsoplie）在否定传统古典本体论中建立了以无为基础的本体。

海德格尔认为传统古典哲学把本体的范畴诸如理念、物质、上帝、绝对理念等等作为根本的对象、存在来把握。但现代西方诸科学却在各自的领域里把这一切都否定了，即把诸如此类的存在变成了虚无。不过，西方哲人对形而上的执着还需要一种本体。于是海德格尔提出了“即无（Nionti）”。在这里，“无”是对一切存在者的否定，是根本的不在者[③]。“无”不等于虚无（Neanot），因为作为与所谓“本质”性的本体相对立的现象而存在的具体的人和文化，毕竟是有意义的，但是“无”又不等于有，这是由于作为存在的对象都被科学必然否定。这样一来，如此之“无”便超脱了知性、科学、理智的对象范畴，只能通过主体的现象性体验或经验来证明“无”的存在。我们由此看出，海德格尔的“无”论与本经的二空智在形式上是极其相似的，当然二者之间有着本质的区别。

二空义之空，不等于虚无或虚空，也不等于根本不存在或一无所有。二空义不否定一切有，而肯定其妙有，所谓真空即妙有。海德格尔不相信众生能以理智认知无的义蕴，提倡人们用经验和体验等诸如此类非理性来验证它。然而二空义却引导众生运用智慧（理智与非理智熔于一炉而冶的智慧）去知解领悟（即觉知）真如之真空、本无。如果西方存在主义者早一些应用东方佛学思想来惠泽、校正自己的理论体系，也许不会陷入今天这样有些穷途末路、岌岌可危的境地，也不会那么深地陷入“荒诞”、饱尝“孤独”“恶心”及“焦虑”“畏怯”④的烦恼。

虽然历史的发展由于不存在我们善意的假设而有些遗憾，但所幸的是，越来越多的人已经开始认识到了东方文化对于人类文化的拯救作用。东西方文化只有相融汇、互补充，才能给人类文化带来一个美好的前景，更好地帮助我们认识自身、认识世界。这也应当是《胜鬘经》所开示、启迪我们的一个重要内容吧

注释

①熊十力《佛家名相通释》，中国大百科全书出版社，一九八五年七月版六页—七页。

②参见（日本）阿部正雄《禅与西方思想》。

③《西方现代资产阶级哲学论著选辑》商务印书馆，一九六四年版三四六页。

④“孤独”“恶心”“焦虑”“畏性”是存在主义归纳的作为荒诞的人而存世的基本体验。

参考书目

1 《大法鼓经》
2 《涅槃经》
3 《如来藏经》
4 《妙法莲华经》
5 《华严经》
6 《大乘起信论》
7 《佛性论》世亲
8 《胜鬘经义记》慧远
9 《胜鬘经宝窟》吉藏
10 《大乘玄论》吉藏
11 《胜鬘经述记》窥基
12 《胜鬘经义疏私钞》明空
13 《中国佛教研究史》梁启超

14 《究竟一乘宝性论》坚慧

15 《印度佛学源流略讲》吕澂

16 《中国佛教史》任继愈主编

17 《佛教哲学》方立天

18 《胜鬘狮子吼一乘大方便方广经讲记》印顺

19 《印度佛教史》圣严

20 《中国佛性论》赖永海

21 《中国佛教》(三、四) 中国佛教协会编

出版后记

星云大师说："我童年出家的栖霞寺里面，有一座庄严的藏经楼，楼上收藏佛经，楼下是法堂，平常如同圣地一般，戒备森严，不准亲近一步。后来好不容易有机缘进到藏经楼，见到那些经书，大都是木刻本，既没有分段也没有标点，有如天书，当然我是看不懂的。"大师忧心《大藏经》卷帙浩繁，又藏于深山宝刹，平常百姓只能望藏兴叹；藏海无边，文辞古朴，亦让人望文却步。在大师倡导主持下，集合两岸近百位学者，经五年之努力，终于编修了这部多层次、多角度、全面反映佛教文化的白话精华大藏经——《中国佛教经典宝藏》，将佛教深睿的奥义妙法通俗地再现今世，为现代人提供学佛求法的方便途径。

完整地引进《中国佛教经典宝藏》是我们的夙愿，

三年来，我们组织了简体字版的编审委员会，编订了详细精当的《编辑手册》，吸收了近二十年来佛学研究的新成果，对整套丛书重新编审编校。需要说明的是此次出版将丛书名更改为《中国佛学经典宝藏》。

佛曰：一旦起心动念，也就有了因果。三年的不懈努力，终于功德圆满。一百三十二册，精校精勘，美轮美奂。翰墨书香，融入经藏智慧；典雅庄严，裹沁着玄妙法门。我们相信，大师与经藏的智慧一定能普应于世，济助众生。

东方出版社

图书在版编目（CIP）数据

胜鬘经 / 王海林 释译. —北京：东方出版社，2015.9
（中国佛学经典宝藏）
ISBN 978-7-5060-8480-2

Ⅰ.①胜… Ⅱ.①王… Ⅲ.①大乘—佛经 Ⅳ.①B942.1

中国版本图书馆 CIP 数据核字（2015）第 248438 号

胜鬘经
（SHENGMANJING）

释 译 者：王海林
责任编辑：夏旭东
出　　版：东方出版社
发　　行：人民东方出版传媒有限公司
地　　址：北京市东城区东四十条 113 号
邮政编码：100007
印　　刷：三河市中晟雅豪印务有限公司
版　　次：2016 年 9 月第 1 版
印　　次：2016 年 9 月第 1 次印刷
开　　本：880 毫米×1230 毫米　1/32
印　　张：7.25
字　　数：110 千字
书　　号：ISBN 978-7-5060-8480-2
定　　价：35.00 元
发行电话：（010）85924663　85924644　85924641

如有印装质量问题，请拨打电话：（010）85924602　85924603